そのままの自分が
好きになる
魔法の
わたし発見術

心理カウンセラー
あいのひろ

Discover

そのままの自分が好きになる

魔法のわたし発見術

心理カウンセラー あいのひろ

■ はじめに

サザエさん一家が教えてくれる本当のあなた

自分の中にいつもあるようでいて、それでもよく分かっていない「心」。

自分のいいところ、弱いところ、まだ分かっていない自分を知ることができたら……。
それによって、家庭や社会においていい人間関係が築けたら……。

私と心理学との出会いは、「交流分析」のエゴグラムでした。
私はエゴグラムを知り、「なんて面白いものが世の中にはあるんだろう!!」と、大興奮したのです。

「これはみんなに教えなくっちゃ!」と、友人と会うたびに、「ねえ知ってる? 性格ってね、5つに分かれるんだって～」と得意げに5本の指を出して、サザエさん一家に見立てて説明したものです。

それが、あいのひろ学園で現在心理学体験講座として開催して

いる「サザエさん講座〜知って得する簡単心理学」の始まりです。
そして本書は、その講座内容を「いつでもどこでも読める」形にしたものです。

「すぐにプンプンしちゃうのは何で？」
「我が子の心が分からない」
「人の世話を焼いて疲れてしまうのはなぜ？」
「思春期の子どもってどうして反抗するの？」

そんな疑問もサザエさん一家のキャラクターたちが一気に解決してくれます！！

「なるほど！！」と首を縦にぶんぶん振ってしまう交流分析。
でも、「心理学って難しそう……」ですよね？

だけど、心の仕組みをほんのちょっと知るだけで、びっくりするほどストレスがなくなるのです。
自分を知り、相手を知ると、ありのままの自分もドンドン出せてしまうし、相手の気持ちや考えも理解しやすくなるのです。

そして何よりも！！！！

いまよりもっともっと、人が、自分が、大好きになります！

自分を少しだけ好きになる。
それが本書とサザエさん講座の目的なのです。

かくいう私も心理学を学ぶまでは、心の仕組みをまったく知らずにいました。

行き当たりばったりで、なんとなくやってみた。
そんな経験だけが頼りでした。

そうした目に見えない「心」が「こうなっていたのか！」と一旦分かってしまうと、いままでの自分の癖や、あの人の行動の理由が、手に取るように分かるようになりました。

心理学は、そうした丁寧な説明書のような存在なのです。

知っていたほうがずっと楽で、心地よい。
そんな心理学の知識を本書では簡単に、誰にでも分かりやすく伝えていきたいと思います。

第一章では「自分の性格は？」
第二章では「人間関係に悩まない方法」
第三章では「I'm OK, You're OKの関係性」
第四章では「空っぽな心を満たすストローク」
第五章では「心のブレーキとアクセル」
第六章では「無意識になぞっている人生のシナリオ」

について知っていただけたらと思います。

本書は心のコロコロ変化をおかしく楽しく学べるように1冊にまとめたものです。

読み進めていくうちに、一つ一つのピースがはまりますように。そして、読み終えた頃には、自分を知り、相手を知るヒントがあなたの中に宿ってくれたら嬉しいです。

さあ、始まります。サザエさん一家が教えてくれる「知って得する簡単心理学！」

はじめに ― 2
サザエさん一家の特徴 ― 12

第一章 エゴグラムで見つける「自分の性格」
～人の心には5人の家族がいる ― 15

あなたの性格は？ ― 16
あなたの中のサザエさん一家チェック ― 17
あなたの中のサザエさん一家 ― 20
心には5人の家族がいる ― 21
　5つのパーソナリティ ― 21
エゴグラムから見えてくること ― 24
　長所と短所は表裏一体 ― 25

ここでブレイク あなたの天職は？ ― 29

エゴグラムの見方のポイント ― 30
　ポイント1　いちばん高いところは？　低いところは？ ― 30
　ポイント2　波平さんとフネさん、親の関係は？ ― 30
　ポイント3　カツオくんとタラちゃん、子どもの関係は？ ― 31
　ポイント4　親と子どもの関係は？ ― 31
　ポイント5　マスオさんは活躍しているか？ ― 32

あなたのエゴグラムはどんな形？ ― 33
　N型：献身タイプ（日本人に多いタイプ） ― 34
　山型：ストレスなしタイプ ― 34
　逆台形型：ストレス多めタイプ ― 34
　逆N型：パワフルタイプ ― 34
　M型：楽天タイプ ― 35
　への字型：優しいママタイプ ― 35
　W型：理想と不安の葛藤タイプ ― 35

ストレスがたまらないのは？ ― 36
　ストレスをためないためには ― 38

行動でキャラクターは変えられる！—— 39
それぞれの性格を高める方法 —— 42
　エネルギーを上げる行動法 —— 43
　エネルギーを下げる行動法 —— 45

書き出しワーク
「どこが強み？　どこが弱み？」—— 47

第二章 もう悩まない人間関係
～エゴグラム活用法 —— 49

３つの別人の心 —— 50
心ができ上がる３ステップ —— 52
　ステップ１「子ども（Ｃ）の成り立ち」—— 52
　ステップ２「親（Ｐ）の成り立ち」—— 52
　ステップ３「大人（Ａ）の成り立ち」—— 53

子育てに見るパーソナリティの発達 —— 54
　育児が大変なのはなぜ？ —— 54
　いつまでも共生するのはNG —— 55

「親（建前）」と「子ども（本音）」の
あくなき戦い —— 56

思春期の成り立ち　～カツオが反抗期に?! —— 58
　親と子のファイル詰め込み合戦 —— 60
　思春期（二次反抗期）は判断力を育てるチャンス —— 61

子離れの時期にマスオを育てよう —— 62

対人関係らくらく術 —— 64
　ポイント１「マスオを上げていく」—— 64
　ポイント２「相手が使うのと同じ
　　　　　　　キャラクターの言葉で返してあげる」—— 64
　ポイント３「相手が大切にしているポイントを押さえる」—— 65
　ポイント４「相手に求めるキャラクターを引き出す」—— 66

あの人はどのキャラクターが高い？
簡単チェック！ —— 68
　キャラクターが語る私やあの人がそんなふうなワケ —— 69

色でキャラクターを強くする！ —— 72

書き出しワーク
「私を助けてくれる色」 —— 74

第三章
I'm OK？ You're OK？
〜OK牧場を探す —— 75

自己否定タイプと他者否定タイプ —— 76

４通りの「人生の立場」 —— 77
　OK牧場 —— 77
　あなたはどの立場？ —— 79

人生の立場チェック
あなたはI'm OK？ You're OK？ —— 80

「ＯＫ牧場」それぞれの立場 —— 85
　第１の立場：私OK　あなたOK
　（自己肯定・他者肯定）—— 86
　第２の立場：私not OK　あなたOK
　（自己否定・他者肯定）—— 87
　第３の立場：私OK　あなたnot OK
　（自己肯定・他者否定）—— 88
　第４の立場：私not OK　あなたnot OK
　（自己否定・他者否定）—— 89

立場で体調不良に？！ —— 90
　体の状態からみると？ —— 90

I'm OK. You're OK. になるために —— 91
　第２の立場の人（私not OK　あなたOK） —— 91
　第３の立場の人（私OK　あなたnot OK） —— 91
　第４の立場の人（私not OK　あなたnot OK） —— 92
　ワンポイント　自分の人生は自分で決めていける —— 92

書き出しワーク
「私OK？ あなたOK？」——93

第四章 **心のコップを満たすもの**
～もらって嬉しいストローク —— 95

目隠しして刺激のない部屋にいると？ —— 96

ストローク —— 98
　ストロークの具体例 —— 99

もらって嬉しいストロークとは？ —— 100

穴のあいた心のコップ —— 102
　コップの中身が少なくなると
　やってしまう２つのこと —— 104

どんなストロークをあげてる？
もらってる？ —— 106

あなたのストロークの特徴は？ —— 110
　ポイント１　どんなストロークを与えている？ —— 110
　ポイント２　どんなストロークを受け取っている？ —— 110
　ポイント３　どんなストロークを求めている？ —— 111

書き出しワーク
「どんな投げかけをしてる？」 —— 112

ストロークで安定した心を
手に入れるためには —— 113

心のど真ん中に伝える
「ターゲットストローク」 —— 114
　ターゲットストロークの見つけ方 —— 114
　自分のいいところ、好きなところ、得意なところ —— 115

効果的なストローク
〜子どもに声をかけるときは？ ── 116
　「バカモーン！」ではなく条件付ストローク ── 116
　ストロークの好みで分かる、カツオ年代とタラ年代 ── 117

コラム　「悲劇的な実験」── 118

第五章　波平やフネの口癖がカツオたちの人生を創る
〜禁止令とドライバー ── 121

本当の自分でいられない理由
〜心のブレーキ〜 ── 122

あなたにはどんな禁止令がかかっている？ ── 124
　12の禁止令（Stopper） ── 124

心のアクセル　〜ドライバーの成り立ち〜 ── 134
　5種類のドライバー ── 135

あなたの中のドライバーチェック ── 139

禁止令とドライバーの関係 ── 141

禁止令を解くには ── 142
　禁止令を解くワーク ── 142

ドライバーを外すには ── 145
　アロワー ── 145

暗示を解く魔法の言葉 ── 147

あなたの子育ては、
あなたへの子育ての繰り返し ── 148
　子どもにかけている言葉で、あなたがわかる ── 148

コラム　子どもの中に、いつ、なにが
　　　　形成される？ ─ 150

書き出しワーク
「私の禁止令とドライバー」 ─ 152

第六章　人生は舞台である。男も女も役者なのだ
～6つの人生の脚本 ─ 153

私たちの人生には、脚本がある!? ─ 154
よくある6つのパターン ─ 156
　「〜までは」の脚本 ─ 156
　「〜のあとは」の脚本 ─ 156
　「決して」の脚本 ─ 156
　「いつもいつも」の脚本 ─ 157
　「もう一歩のところで」の脚本 ─ 157
　「結果のない」の脚本 ─ 157

書き出しワーク
あなたの人生の脚本は？ ─ 158

脚本からの解放 ─ 160

書き出しワーク
これからの人生の脚本 ─ 161

「自分取り扱い説明書」 ─ 162

終わりに ─ 164
参考文献 ─ 167

サザエさん一家の特徴

磯野波平

一家の長としての威厳と貫禄あり
大黒柱
間違ったことが大嫌い
口癖は「バカモーン!」

磯野フネ

一家の重鎮的存在で典型的な日本女性
落ち着いている
家族から尊敬されている
家族の健康と幸せがいちばんの幸せ

磯野カツオ

頭の回転が速い
天真爛漫な楽天家
お調子者
クラスでいちばん目立つ

磯野ワカメ

優等生タイプ
しっかり者
優しい
フネを理想の女性としている

フグ田サザエ

九州福岡生まれ
明るく朗らか
竹を割ったような性格
おっちょこちょい
毎日カツオを追いかけているので走ることが得意

フグ田マスオ

真面目で冷静
ニュートラル
サザエの性格をちゃんと把握している
サザエを美人だと思っている
愛妻家

フグ田タラオ

三輪車が好き
家族にも敬語で話す
ものわかりのよい子
素直で優しい
イクラのお兄ちゃん意識が高い

第一章

エゴグラムで見つける「自分の性格」
～人の心には5人の家族がいる

■あなたの性格は?

「あなたの性格は?」と改めて聞かれると……。

うーむ。
気楽なような、考え込むような、優しいような、厳しいような?

複雑怪奇、奇想天外、摩訶不思議……。
分からないことだらけですよね。

でも、サザエさん講座で明らかになる、2つのことがあります。

それは、自分が描く自分の「自画像」。
そして、人間関係に関する「自分の取り扱い説明書」です。

これが案外知らなくてホラー。
実は、自分がいちばん自分を知らないという更なるホラー。

自分が分かると、他人との人間関係が分かります。
ほとんどの悩みは人間関係からくると言われているので、人間関係が変わると、案外簡単に悩みが解消してしまいます。

まずは、あなたの自画像をチェック!
それをこれからテストを使って見ていきましょう!

■あなたの中の
  サザエさん一家チェック

はい＝〇　どちらでもない＝△　いいえ＝×を記入し、
最後に〇＝2点　△＝1点　×＝0点で合計を出してください。

（1）

1	正義感があるほうだ	
2	お金や時間にルーズなのは嫌いである	
3	責任感が強い人間だと思う	
4	決めたことは最後までやり通す	
5	子どもや部下には厳しく指導する	
6	「すべきだ」「ダメじゃないか」という言い方をする	
7	リーダーシップがある	
8	決められた規則やルールは守るほうだ	
9	怒りっぽいほうだ	
10	人の失敗や欠点を許せない傾向がある	
		合計

（2）

1	人の悪い所より良い所に気づき、よく褒める	
2	人に頼られることが多い	
3	涙もろく人情深いほうだ	
4	元気がない人を見ると励ましたくなる	
5	人の話に共感できる	
6	頼まれると無理してでも引き受ける	
7	失敗した人をいつまでも責めない	
8	困っている人を見るとなんとかしてあげたくなる	
9	思いやりがあるほうだ	
10	人の面倒を見るのが好きでおせっかいなところがある	
		合計

(3)

1	能率よくテキパキものごとを行なう	
2	数字やデータを使って話をする	
3	「いつ」「誰が」「どこで」「なぜ」という話し方をする	
4	計画を立てて実行するのが得意である	
5	会話で感情的になることはあまりない	
6	科学的でないことはあまり信じない	
7	落ち着いて相手の顔を見ながら話す	
8	ものごとは事実に基づいて判断するほうである	
9	いつも冷静で理性的だ	
10	客観的にものごとを見ることができるほうである	
	合計	

(4)

1	じっと大人しくしているのが苦手だ	
2	つい考えず行動してしまう	
3	「わあ」「きゃー」「すごい」という言葉をよく使う	
4	いやなことがあっても早めに忘れられる	
5	何にでも興味を示し、好奇心旺盛である	
6	人がどう思おうが気にしないタイプである	
7	自分勝手なところがある	
8	周りを考えずに言いたいことを率直に言う	
9	感情豊かで、思っていることが顔に出る	
10	天真爛漫である	
	合計	

(5)

1	いやなことがあっても自分を抑える	
2	どちらかというと消極的なほうだ	
3	周りの人の顔色や評価が気になる	
4	自分の思ったことが口に出せない	
5	できなかったとき、人を責めるよりも自分を責めるほうだ	
6	協調性がある	
7	依存心が強いほうだ	
8	自分を抑えても人のことを優先する	
9	自信をなくして落ち込むことが多い	
10	人が能力や実力以上に大きく見える	
	合計	

(1) 波平	(2) フネ	(3) マスオ
点	点	点
(4) カツオ	(5) タラ	
点	点	

■あなたの中のサザエさん一家

さて、あなたはどのキャラクターの点数が高かったでしょうか？
グラフに記入して確認してみましょう。

エゴグラム表（あなたの中のサザエさん一家）

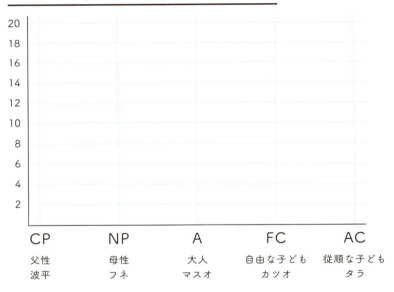

CP	NP	A	FC	AC
父性	母性	大人	自由な子ども	従順な子ども
波平	フネ	マスオ	カツオ	タラ

■心には5人の家族がいる

いま作っていただいたグラフは、エゴグラムというものです。
精神分析医エリック・バーンにより提唱されたパーソナリティ理論である交流分析。コミュニケーション理論とも呼ばれ、一人の心理学を2人以上に変えたといわれています。
これをもとに、弟子であり精神科医のジョン・M・デュセイによって開発されたのがエゴグラムです。

「心のエネルギーを見える形にしたもの」で、普段、どのパーソナリティのエネルギーを使えているか、どのパーソナリティのエネルギーを使えていないのかをグラフに描くことで、自己分析に役立てることができます。

ここでは、パーソナリティをサザエさん一家のキャラクターに見立て、あなたがどんな人なのかを考えていきます。

■5つのパーソナリティ
以下にエゴグラムの5つのパーソナリティを説明します。

CP（父性）
CP（父性）とは「社会性・父性」の心です。
指導・育成したり、リーダーとなって統率したり、社会規範を守ろうとする社会的な心です。
厳格で、独断的になってしまうこともあります。

NP（母性）

NP（母性）は「情緒的・母性」の心です。

人を養護したり、お世話をしたり、優しく接するなど、人に寄り添う心です。

過保護や過干渉になってしまうこともあります。

A（大人）

A（大人）は「冷静に判断する」心です。

ものごとを客観的に判断し、計画性を持って行動します。「いま、ここ」の場面においてどのパーソナリティを出すのがいちばんよいかを判断するコントロールセンターです。

ここが低いと、他のパーソナリティに振り回されてしまいます。

FC（自由な子ども）

FC（自由な子ども）は「本能的・本音」の心です。

天真爛漫に自由に、自分の心のままに感じて行動します。

ムードメーカーになりますが、ともすると、自分勝手だとか、わがままであるといわれてしまいます。

AC（従順な子ども）

AC（従順な子ども）は「協調性」の心です。

相手の期待に沿うために身につけた従順な心です。素直で穏やかなのですが、相手を気にしすぎてストレスをためてしまうこともあります。

なかなかすぐには覚えきれないかもしれませんね。
ここで、左手をだしてみてください。

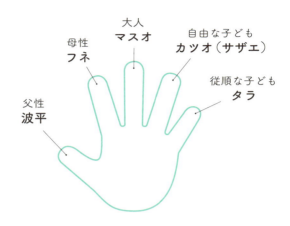

そして、
親指から「父性：波平さん」
人差し指「母性：フネさん」
中指「大人：マスオさん」
薬指「自由な子ども：カツオくん（サザエさん）」
小指「従順な子ども：タラちゃん」
とつぶやきながら、覚えてみてください。

本書ではこれから、この5人のキャラクターにたとえて紹介していくので、ここで軽く頭に入れておくと、これからの説明が分かりやすくなりますよ。

■エゴグラムから見えてくること

さて、先程描いていただいたエゴグラムから、あなたの性格についてどのようなことが見えてくるのでしょうか？

高いところや低いところから、次のようなことが読み取れます。

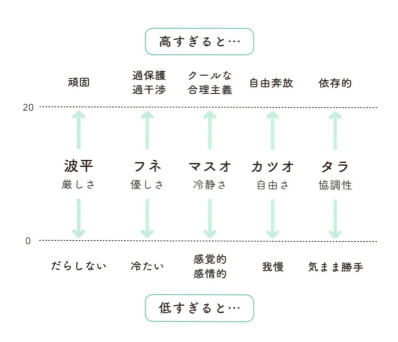

■ 長所と短所は表裏一体

高い得点だった（エネルギーが高い）パーソナリティは、あなたの性格のいちばんの特徴だといえます。
それは、ポジティブな行動や言葉として出ているでしょうか？ それとも、ネガティブに出ているでしょうか？

ポジティブに出ていれば長所と捉えられますが、ネガティブに出ていれば、人間関係にストレスを生み出してしまいます。
それぞれのパーソナリティがどちらの顔を見せているか、チェックしてみてください。

＋ ポジティブな波平
「責任を持ってがんばれ」「もっとよくなる」
ルールを教え導き、責任感を持って相手と接し、成長を促します。

－ ネガティブな波平
「またおまえか！」「本当にだめなやつだな！」
相手を否定する言葉を発し、高圧的な態度で、相手のタラ（従順な子ども）を助長させてしまいます。

＋ ポジティブなフネ
「一緒にやってみようか」「どうしたの？」「話を聞くよ」
相手を信じ、思いやりのある言葉をかけ、困っているときは手助けします。

− ネガティブなフネ
「何でもやってあげるよ」

過保護・過干渉になり、相手の自立心や成長を妨げます。

＋ ポジティブなマスオ
「冷静に」「テキパキと」

事実に基づき、冷静かつ客観的に判断し、計画的に行動します。

− ネガティブなマスオ
「データがすべて」

自分が判断したもの以外を排除し、打算的で融通が利かなくなります。

＋ ポジティブなカツオ
「楽しい！」「すごい！」

ムードメーカーになり、周りを楽しませ、創造的で活力にあふれます。

− ネガティブなカツオ
「いいじゃん」「やっちゃえ！」

馬鹿騒ぎや節操のない態度で、周囲に迷惑をかけたり、周りをうんざりさせてしまいます。

＋ ポジティブなタラ
「おそれいります」
謙虚で、周囲と調和して日常生活を送ることができます。配慮を欠かさず、協力することができます。

－ ネガティブなタラ
「どうせ無理だから」
すねたり引きこもったり反抗心を持ったりします。

次ページに各パーソナリティのポジティブな面とネガティブな面をまとめました。どちらの面が出てきているのか、チェックしてみてください。
いまネガティブな行動や言葉で出てしまっていても心配ありません。言い方や出し方で、ポジティブに変えていくことができます。

エゴグラムのパーソナリティ

- ■P（parent）→ 親のような心 CP（Critical Parent）　NP（Nurturing Parent）
- ■A（adult）→ 大人のような心 A
- ■C（child）→ 子どものような心 FC（Free Child）　AC（Adapted Child）

CP（父性）NP（母性）A（大人）FC（自由な子ども）AC（従順な子ども）に分かれる

		ポジティブな面	ネガティブな面
親 P Parent	**CP** 父性 波平さん	・～すべき ・規律を守る ・リーダーシップ ・道徳 ・責任感	・融通がきかない ・押し付ける ・口うるさい ・堅苦しい ・決めつけ
	NP 母性 フネさん	・優しさ ・思いやり ・面倒見がいい ・包容力 ・共感性	・過保護 ・過干渉 ・甘やかし ・おせっかい ・相手の自主性を妨げる
大人 A Adult	**A** 大人 マスオさん	・冷静 ・客観的 ・計画的 ・理論的 ・判断する	・冷たい ・打算的 ・理屈っぽい ・人間味がない ・計算高い
子ども C Child	**FC** 自由な子ども カツオくん （サザエさん）	・明るい ・好奇心旺盛 ・天真爛漫 ・自由 ・創造性	・わがまま ・自己中心的 ・お調子者 ・場が読めない ・衝動的
	AC 従順な子ども タラちゃん	・素直 ・協調性 ・従順 ・穏やか ・慎重	・黙る ・すねる ・我慢する ・消極的 ・顔色をうかがう

ここでブレイク

あなたの天職は？

企業の面接や入社試験にも使われるエゴグラム。あなたの強みを知ることで自分を輝かせてくれる最適な仕事が分かります。

波平が高い人	教師、警察官、自衛隊、リーダー、経営者、役所勤め、長が付く役職など
フネが高い人	看護師、介護士、保育士、カウンセラー、子育て、人材育成など
マスオが高い人	銀行員、データ調査、分析、裁判官、研究者など
カツオが高い人	スポーツ選手、芸術家、添乗員、営業、広報、創造性が高い仕事など
タラが高い人	事務、受付、総務、案内人、縁の下の力持ちなど

エゴグラムの見方のポイント

では次に、このエゴグラムを、ポイントに沿ってもっと詳しく紐解いていきましょう。

ポイント1　いちばん高いところは？　低いところは？

まずは、エゴグラムの中の、いちばん高いところと低いところを確認します。

エゴグラムは、あなたの中にいる5人のキャラクターのエネルギーを表しています。

エネルギーの高いキャラクターや低いキャラクターが、あなたの性格の特徴を教えてくれます。

ポイント2　波平さんとフネさん、親の関係は？

波平（父性）とフネ（母性）は、どちらが高いでしょうか？

波平のほうが高い場合は、父性がより濃く出ていて、人を導くリーダー的な存在です。ただ、他者否定の傾向があり褒めることよりも叱ることのほうが多いかもしれません。

フネのほうが高い場合は、褒めるのは上手で他者肯定的ですが、叱るべきときに叱ることができず、過保護になり相手の依存心を助長させてしまう場合があります。

また、波平のほうが高い場合は、「ねばならない」と相手や自分にストレスをかけやすく、フネのほうが高い場合は、相手のストレスを緩和する傾向があります。

💡 ポイント3　カツオくんとタラちゃん、子どもの関係は？

カツオ（自由な子ども）とタラ（従順な子ども）はどちらが高いでしょうか？

カツオのほうが高い場合は、自己肯定感が強く、天真爛漫な性格です。ただ、度がすぎると「自分勝手」「自分中心」になってしまいます。

タラのほうが高い場合は、従順で協調性があり、謙虚で周りに合わせることができます。ただ、度がすぎると自己否定感が出てしまい、我慢しすぎてしまいます。

カツオのほうが高い場合はストレスを発散させるのが上手ですが、タラのほうが高い場合はストレスをため込んでしまう傾向があります。

💡 ポイント4　親と子どもの関係は？

波平・フネの点数と、カツオ・タラの点数をそれぞれ合計して比べてみてください。

波平とフネの合計のほうが高い場合は、大人びた建前派。一方カツオとタラの合計のほうが高い場合は、子どもっぽい本音派といえます。

波平＋フネが高すぎると、心身症、ノイローゼ、生真面目になりやすく、カツオ＋タラが高すぎると、依存、肥満、ヒステリックになりやすいという傾向があります。

💡 ポイント5　マスオさんは活躍しているか？

マスオ（大人）はどれくらいの高さでしょうか。
マスオはコントロールセンターで、「いまどのキャラクターを出したらいいか？」と他のキャラクターのエネルギーをコントロールする存在です。

マスオが低いと、状況を客観的に分析できず、感情的に怒ってしまったり（波平）、世話を焼こうと手を出しすぎてしまったり（フネ）、場を読めずにはしゃいでしまったり（カツオ）、我慢する必要のないときに我慢したり（タラ）して、他の高いエネルギーを持つキャラクターに振り回されてしまいます。
マスオが高いと、いまどんな行動がいちばんいいかを判断して、適切な行動をとることができます。

■あなたのエゴグラムはどんな形？

代表的な7つの形

いちばん近い形を探してみてください。

N型：献身タイプ

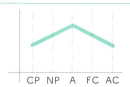
山型：ストレスなしタイプ

逆台形型：ストレス多めタイプ

逆N型：パワフルタイプ

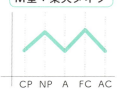
M型：楽天タイプ

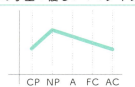
への字型：優しいママタイプ

W型：理想と不安の葛藤タイプ

■N型：献身タイプ（日本人に多いタイプ）

自分のことを犠牲にしてでも、周りのためにと努力します。
自分の意見や感情を表現するのが不得意で、依存心が強いこともあります。
献身的で、優しさや人に寄り添う心を持っています。

■山型：ストレスなしタイプ

とても客観的に「いま、ここ」の感情が出せています。
必要なエネルギーを適材適所で使えているタイプです。
情に流されず「個」を大切にする一匹狼的な面があります。

■逆台形型：ストレス多めタイプ

責任感があり素直なのですが、自分や相手に対して厳しいタイプです。
つい相手に合わせてしまうことから、ストレスをため込んでしまいます。

■逆N型：パワフルタイプ

自分の意見をしっかり持ち、相手に対して厳しい面があります。
人に寄り添うよりも、リーダーになって周りを従え頭角を表すタイプです。
度がすぎると周りがついてこれず、独裁者のようになってしまいます。

■ M型：楽天タイプ

明るく行動力があり、場のムードメーカーになりますが、つい行動しすぎて疲れてしまったり、利用されてしまったり。
子育てにおいては過保護・過干渉になってしまったりします。

■ への字型：優しいママタイプ

おおらかで優しく、人の輪を大切にするタイプです。
ストレスも低く、人間関係もスムーズです。

■ W型：理想と不安の葛藤タイプ

冷静で分析力があり仕事ができる人ですが、「すべき」vs.「していいのか」、「理想」vs.「自信のなさ」、「リーダー性」vs.「協調性」という葛藤を抱える悩みが多いタイプです。

■ストレスがたまらないのは？

人間関係がスムーズで、ストレスがたまらないのは、雨水がたまらない形をしたエゴグラムです。
たとえば、雨水がたまる形、たまらない形というのは……

雨水がたまる形は…

ここにたまります　　　　　　　　ここにたまります

雨水がたまらない形とは…

雨水はたまりません　　　　　　　雨水はたまりません

「雨水がたまらない形」というのがポイントです。
つまり、

フネ（母性）より波平（父性）が低い
カツオ（自由な子ども）よりタラ（従順な子ども）が低い
ある程度のマスオ（大人）がある

という形です。

ストレスとは、快と不快のせめぎ合いから生まれ、そのバランスが崩れたときに生じます。

フネより波平が高いと、周囲にストレスを与えてしまい、人と調和がとりづらくなります。
カツオよりタラが高いと、今度は自分にストレスを与えてしまうようになります。
それらをコントロールするのがマスオの役割です。

フネが波平より高いほうが他者肯定が強くなり、タラよりカツオが高いほうが自己肯定が強くなるので、人間関係がより円滑になっていきます。

ただ、注意してほしいのは、波平やタラのエネルギーが高いことがだめということではありません。そうではなく、自分の中のエネルギーバランスが取れているとストレスがたまりづらい

というお話です。
誰かとの比較ではなく、自分の中のバランスです。

■ストレスをためないためには

雨水がたまらないような形にエゴグラムを変えていくことで、ストレスを減らしていくことができます。
上げることも下げることもできますが、高いところは自然と出てくるパーソナリティであり、その人の強みなので、高いところを下げようとするのではなく、低いところを上げていくようにするのがコツです。

たとえば36ページの逆台形型のエゴグラムの場合はフネ（母性）やカツオ（自由な子ども）を上げるようにします。
M型のエゴグラムの場合は、マスオ（大人）を上げるようにします。

別のやり方として、身近な人に補ってもらうというのもおすすめです。
たとえば、M型の人は、マスオ（大人）が高い上司や家族の意見を聞いたりするといいでしょう。

さて、あなたのエゴグラムはどこをどう高めたらストレスがたまりづらくなるでしょうか？

■行動でキャラクターは変えられる！

エゴグラムで自分を客観的に見てみると、もっとここはこうしたいなあ〜、ここは上げたいなあ〜、ここがストレスのもとだなあと思う部分が出てきます。
それを自覚し、行動を変えていくことで、自分を変えていくことができます。

たとえば**「『断る』ことがとても苦手で、つい人に頼られすぎてしまう」**という悩みがある人の場合。

エゴグラムにするとこんな形に……。

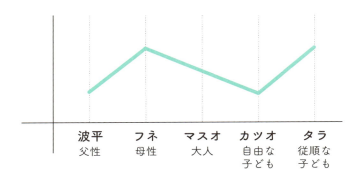

第一章　エゴグラムで見つける「自分の性格」

フネとタラが高いので、頼まれごとをなかなか断れません。
しかし、それは度を越すと相手の依存心を助長することにもつながります。
そこで、まずはマスオを上げて、「やってあげることが本人のためなのか？」と状況を客観的に見ます。そして、波平を少し上げて「断る」ことをしてみます。
（ただし、伝えるときはマスオを上げて冷静に）

そんなふう行動してみることで、少しずつ断ることができるようになっていきます。

さらにカツオを上げて、ガマンしないで自分の気持ちを優先させてみます。そうすると、少しだけ波平とマスオとカツオが上がり、フネとタラが下がり、バランスがよくなるのです。

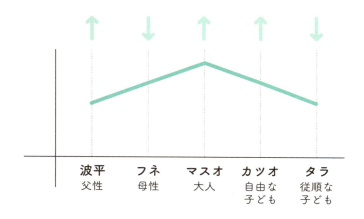

ジョン・M・デュセイの「エネルギーの恒常仮説」によると、「エネルギーの総和は一定」なのだそうです。

つまり、**どこかのエネルギーが上がれば、どこかが下がります。**

もし、いつもタラが真っ先に出てくるのだとしたら、カツオのするような行動をしてみる(「私はこれをしたい!」と言ってみる)。

あるいは、波平が高い人は、たまにはフネ要素を取り入れてみる(叱る前に待ってみる、優しい言葉をかけてみるなど)。
すると、周りからの見られ方や、自分が出すエネルギーのバランスが変わります。

■それぞれの性格を高める方法

心は行動・感情・思考が連動していて、そのどれかを変えると他も変化してくるという性質を持っています。

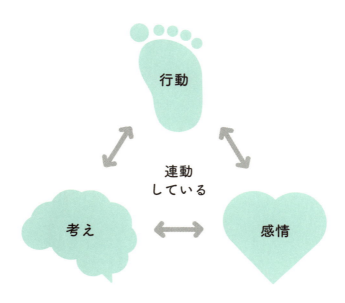

行動が変わると考えが変わり、考えが変わると感情が変わってきます。

ここで、行動・感情・考えの3つの中で、行動をまず変えることで考えや感情をコントロールしていく方法をご紹介します。

■ エネルギーを上げる行動法

↑ 波平アップ法
- 時間やお金をきちんと管理する
- ルールを守る努力をする
- 何かのリーダーになってみる
- 最後までやり抜く
- 叱るべきときに叱る
- あいまいな態度をとらず、イエス・ノーをはっきり言う
- 自分の考えを明確にしておき、言うべきときに言う
- 堂々とした態度をとる

↑ フネアップ法
- 相手のいいところを褒める
- 誰かのお世話をしてみる
- 相手に共感する言葉をかける
- 元気づけたり、励ましたりしてみる
- 相手を信頼する
- 周囲の人に関心を持ってみる
- 優しくゆっくりした動きをする

↑ マスオアップ法
- 計画的に行動してみる
- すぐに行動せず、客観的に見てみる
- 「なぜ」「どうして」と考えてみる
- 周囲の状況を観察し、適切な判断をしてみる

- ものごとの結果を予測してみる
- 理論的に話すよう努力してみる
- 相手の目を見て冷静に話す

↑ <u>カツオアップ法</u>
- 嫌なことを早く忘れるようにする
- 楽しいと思うことをしてみる
- 心で感じたことを言葉にしてみる
- 思ったことを行動に移してみる
- 「楽しんでいいよ」と自分に許可を与えてみる
- ひらめいたことをやってみる
- ジェスチャーを交えてよく笑ってみる
- 自分のために時間やお金を使ってみる

↑ <u>タラアップ法</u>
- 少し遠慮してみる
- 相手が決めたことに従う
- 誰かに協力してみる
- 人の意見を素直に受け入れる
- 波風を立てないようにしてみる
- 人の手を借りてみる

■ エネルギーを下げる行動法

次に紹介するのは、エネルギーを下げる行動法です。
下げるのは上げるのよりも難しいですが、エネルギーが否定的に高く出ているときに使うと効果的です。

↓ 波平ダウン法
・人に優しく接してみる
・上からの独断的な言い方をしない
・譲歩してみる
・叱る前に、深呼吸してみる

↓ フネダウン法
・すぐに手を出さず、相手に本当に必要か考えてみる
・甘やかさないように見守る
・できないことはきちんと断る
・相手を過小評価しない

↓ マスオダウン法
・行き当たりばったりで行動してみる
・考えるよりも、心で感じてみる
・芸術に触れる
・子どもと思いっきり遊んでみる
・融通を利かせてみる

↓ カツオダウン法
- 頭で考えてから行動してみる
- 空気や状況を読んでみる
- 人を優先してみる
- 自分勝手な行動をとってないか振り返ってみる

↓ タラダウン法
- 遠慮せず思ったことを言ってみる
- はっきりNOと言ってみる
- 自分の感情を伝えてみる
- 「すみません」を「ありがとう」にしてみる

書き出しワーク
「どこが強み？どこが弱み？」

私のエゴグラムの数値の高いところは

[　　　　　　　　　　　　　　　　　　　] です。

なので

[　　　　　　　　　　　　　　　　　　　] が得意です。

（特徴）

私のエゴグラムの数値の低いところは

[　　　　　　　　　　　　　　　　　　　] です。

なので

[　　　　　　　　　　　　　　　　　　　] です。

（ここをこうしていきたい）

第二章

もう悩まない人間関係
~エゴグラム活用法

■ 3つの別人の心

さて、あなたの中の5人の異なるパーソナリティは、どのようにして作られてきたのでしょうか?
交流分析の理論を少しだけ、簡単に紐解いていきましょう。

エリック・バーンは、人間の心を、まず大きく3つに振り分けました。
「親(Parent)」の心、「大人(Adult)」の心、そして「子ども(Child)」の心です。

親の心(P)
親のような考えや行動を起こす心の状態です。人を育てたり、指導したり、社会性を教えたり、養護したり、建前を大切にするところもあります。

大人の心(A)
成人の心の状態です。「いまどうしたらよいか」を冷静に判断し、他のパーソナリティのエネルギーを調整するコントロールセンターでもあります。

子どもの心(C)
子どもの頃のように、自由に振る舞ったり、本能のまま行動したり、自分を守るために従順に行動する心の状態です。

「親」「大人」「子ども」に分かれた心は、さらに5つに分かれます。
それは**「父性」「母性」「大人」「自由な子ども」「従順な子ども」**です。

なぜ「親」が「父性」と「母性」に分かれるのか、なぜ「子ども」が「自由な子ども」と「従順な子ども」に分かれるのかは、次のページ以降で説明していきます。

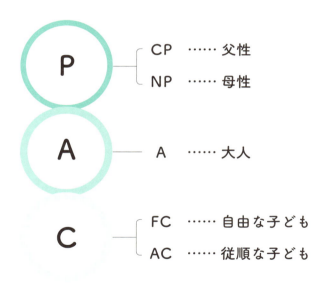

心は大きく3つ、さらに見ていくと5つに分かれます

■心ができ上がる3ステップ

順番としては、最初に「子ども（本音）」が、次に「親（建前）」が、最後に「大人」の心ができ上がります。

■ステップ1 「子ども（C）の成り立ち」

生まれたばかりの頃は、**「子ども（C）の中のFC（自由な子ども）」**の心だけ持っています。子どもの心とは本能のままの本音の心です。赤ちゃんは親に気を使うことなく夜泣きをし、本能のまま行動しますね。自由に生きています。

しかし、ハイハイなどで動き回るようになると、母親は身を守るために「あぶない！」「そっち行っちゃダメよ！」「落ちてるもの食べちゃだめよ！」と子どもの行動を規制していきます。その結果、**「子ども（C）の中にAC（従順な子ども）」**ができます。子ども（C）は6歳ぐらいまでにほぼ完成すると言われています。

■ステップ2 「親（P）の成り立ち」

次にできるのは**「親（P）」**の心です。しつけが始まり「これをしてはいけません」「こういうときはこうしなさい」と親からの指導が入ります。また、弟妹ができたり入園などで集団に入ることで、社会的ルールや思いやる気持ちを身につけていきます。

「時間を守ろうね（CP）」「下の子には優しくね（NP）」など

の言葉により、社会的な親の心や養育的な親の心が育ちます。

■ ステップ3 「大人（A）の成り立ち」

12歳頃に、**「大人（A）」**の心が機能し始めます。それまで育ててきたそれぞれのパーソナリティを、「いま、ここ」で状況判断し、どれを選んで出していけば良いかを冷静に判断する心です。他のパーソナリティのコントロールセンターでもあります。

私たちの心は3ステップでできあがります。

■子育てに見る
パーソナリティの発達

■育児が大変なのはなぜ？

子どもが生まれたばかりの頃は、親と子、2人で3つの心の状態を共有し、共生の状態にあります。乳児は「子ども（C）」の心の状態しか持っていないからです。

乳児は自分でご飯を食べることも、一人で生きていくこともできません。

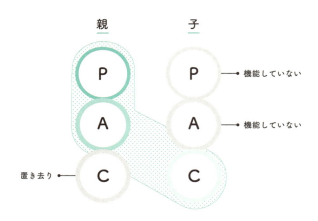

親の「子ども」の部分が置き去りになってしまう

なので、親が子どもの「親（P）」と「大人（A）」の心を肩代わりし、判断し、対応していきます。子育てをしていると、母

親の「カツオ（FC）」の部分——自由やきままな部分は置いてきぼりになります。
やりたいことや自分のことは優先順位の最下位になり、子どもの養育が優先されます。

子どもが乳児のうちは、我慢のときです。
カツオを抑えて育児をするしかありません。

■ いつまでも共生するのはNG
しかし、子どもが小学校に上がる頃には、子どもを共生の状態から追い出すことが重要です。
そうしないと**「パラサイト（親子共生）」状態になり、子どもの自立心が育ちづらくなり、大人になったときに、「共依存」という人に依存する状態になってしまいます。**

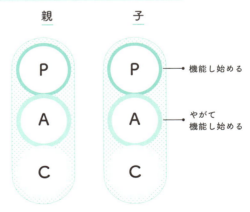

小学校に入る頃が自立のスタート

■「親(建前)」と 「子ども(本音)」のあくなき戦い

朝、眠いとき。
「学校に行かなくちゃ」というのは、波平の考え方です。
それに対して「寝ていたい」というのは、カツオの考え方です。

そこで出てくるのが「マスオ」です。
「はて、どちらの行動を選ぶべきか?」とマスオは考えます。

「学校に行かなくちゃ」
と建前を優先させるのか、
「まだ寝ていたいなあ」
と本音を優先させるのか。
大人のマスオは判断し、選択します。

このときマスオという客観性が機能していないと、
「いいや、今日は休んじゃえ」
と行かなくてはならない状況でも本音を優先したり、
「いや、行かなくては」
と体調が悪いのに無理をしたりしてしまいます。

マスオのキャラクターが機能し始めるのは、ちょうど12歳ぐらいからといわれています。

本音を優先させるばかりでは、社会生活をうまく送ることはできません。でも、建前ばかりというのもストレスです。
マスオの成長とともに、うまく折り合いをつけられるようになっていくことが大事です。

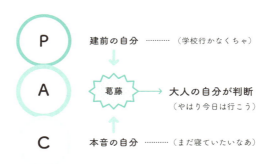

本音と建前を大人が調整する

■思春期の成り立ち
　〜カツオが反抗期に?!

人の心に「フォルダ」があると考えてみてください。ここに「ファイル」がたまっていきます。

最初にいっぱいになるのは「子どもファイル」です。
そこにいるのは「カツオ(自由な子ども)」と「タラ(従順な子ども)」です。
カツオのように振る舞えば親が喜んでくれた。
あるいはタラのように振る舞うと親が褒めてくれた。

そんな体験から、
「自分は自由でいていいんだ」
「自分がお兄ちゃんとしてちゃんとしていると親が喜ぶんだ」
というファイルや、
「子どもらしくていいわね」
「我慢していていい子ね」
そんな言葉のファイルがたくさんたまっていきます。

次にいっぱいになるのは「親ファイル」です。
しつけが始まり、集団で生活するようになると、
「しっかりしなさい」
「勉強よくがんばったわね」
「面倒見のいい子ね」

など、「波平（父性）」や「フネ（母性）」が育つとともに、親から言われた父性的・母性的な言葉や行動がたくさんファイルされます。

最後にたまっていくのが「大人ファイル」です。

12歳頃から機能すると言われているこのファイル。
「子ども」や「親」のファイルでフォルダがいっぱいになったいま、今度は、「その中のどれを選んで行動するか？」という大人の心が育ちます。これは、他のファイルの使い方が書かれた特別なファイルともいえます。

そう、「大人」はコントロールセンターです。
自分で行動や言葉を選んで行動する。
自律への第一歩がこの「大人ファイル」の完成です。

この「大人ファイル」が機能し始めるのは、ちょうど思春期にさしかかった時期です。
自分で判断して行動する「大人ファイル」をためていきたい。
でも、すでにフォルダはパンパン。
どれを選んで行動しようか、好奇心がありながらも不安や迷いでいっぱいです！

■親と子のファイル詰め込み合戦

それなのに親は、まだまだフォルダに詰め込もうと
「勉強しなさい」「ああしなさい」「こうしなさい」
と言ってしまいます。
それに対して大人のファイル（自分で判断したい）を手に入れようとしている子どもは「うるさい！」「分かってる！」となります。

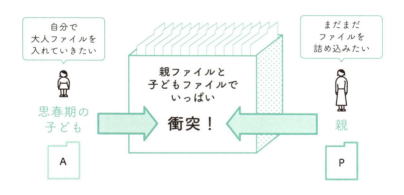

「マスオ（大人）の完成」これが反抗期の正体です！！

海外では反抗期は「やっと大人になったんだね」と歓迎されるそうです。でも、日本では「子どもが言うことをきかない」ということになってしまいますね。

それを反抗期ととるか、大人としての成長ととるか……。これによって親の対応が変わってくると思いませんか。

■ 思春期（二次反抗期）は判断力を育てるチャンス

いままでたくさんの方のカウンセリングをさせていただいてきました。
その中で、
「自分で決められない」
「自分の決定に自信が持てない」
「失敗が怖い」
そんな言葉をたくさん聞いてきました。

それはもしかしたら「自分で決定し、行動する」ということをしてこなかったからかもしれません。
親や先生の意のままに決定し、行動してくると、自分で判断する力が育ちにくくなります。

大人になって失敗すると、とても手痛い思いをします。
一方で、思春期の失敗は、親が頭を下げればなんとかなるようなものが多いのではないでしょうか。

思春期は、自分で判断し、行動し、失敗を繰り返し、そこから学ぶ時期です。
たくさん失敗をしながら、成功体験を重ねる時期なのです。

■子離れの時期にマスオを育てよう

親は子どもが生まれたときからずっと一緒にいて、指導する存在です。
子どもが思春期を迎えても、まだまだ何とかしよう（波平）とか、助けてあげよう（フネ）という気持ちが湧いてきて、
「こうしなさい」
「大丈夫よ、こうすればいいんじゃない？」
「○○高校に行きなさい」
などのような言葉をかけてしまいがちです。

しかしこれは「他律的な生き方」へと導くものであって、子どもの依存心を助長させてしまいます。

同時に、
「あなたの意志は尊重できない」
「あなたには決めるだけの価値がない」
という無意識のメッセージを送ることにもなってしまいます。

ああしなさい、こうしなさいに従うことは、
「あの人がいるから会社が嫌だ」
「あの人を変えたい」
という考え方につながります。
つまり、自律的な生き方ができなくなっていくのです。

自律的な生き方とは
「私はどうすべきか」
「私が変えていこう」
という考えを持つことです。

それを判断するのは「マスオ（大人）」です。
マスオが成長するためにも、思春期はお子さんをじっと見守ってあげてください。

マスオが成長した子どもは、自分の行動や判断に責任を持つ「自律的」な大人になれるはずです。

💡 対人関係らくらく術

ここまで、エゴグラムのパーソナリティの成り立ちを紹介してきました。
これを対人関係に応用するヒントが4つあります。

💡 ポイント1 「マスオを上げていく」

ここまで述べてきたように、マスオ(大人)は感情のコントロールセンターです。
どういう場面で、どのキャラクターを出していくかを冷静に判断します。
相手によって、そして場面によって、「いまは波平(父性)を出そう」などと判断できれば、対人関係のもつれやストレスが減ります。
感情で動くと自分自身や相手に振り回されてしまいますが、対応の仕方をコントロールできると、何より自分のストレスを減らすことができます。

💡 ポイント2 「相手が使うのと同じキャラクターの言葉で返してあげる」

対人関係をこじれさせないコツは、相手のキャラクターと同じキャラクターでコミュニケーションすることです。
波平(父性)が高すぎる人(ねばならないが強い人)と、カツオ(自由な子ども)が高すぎる人(行き当たりばったり)は、合わないものです。

相手の中の波平から出てきた社会的な言葉は、自分の中の波平の言葉できちっと返してあげる。
カツオから出た楽しい言葉には、カツオの言葉で返してあげる。
こうすることでこじれのないコミュニケーションになります。

たとえば、子どもがテストで80点を取ってきたとき。
「すごいでしょ！！」
という言葉には、
「本当だね！　80点も取れて嬉しいね！」
と返してあげるのです。

これに対して波平で
「80点なんてまだまだだね」
と答えたり、マスオで
「平均点はいくつなの？」
という冷静な言葉を発したりしては、せっかくの子どもの気持ちを台無しにしてしまいます。

💡 ポイント3　「相手が大切にしているポイントを押さえる」

いつも一緒にいる人が「波平が高いなあ」と感じたら、「きちんとあいさつする」「ルールを守る」というコミュニケーションをとってあげることでとても喜ばれます。

カツオが高いと感じる相手は、自由奔放で楽しいことが好きな人です。

そういう人は、堅苦しくなく、フランクに接してもらえることを喜びます。

相手がマスオのキャラクターを使うことが多いビジネスシーンでは、論理的な言葉を使い、感情ではなく理性で対応するほうが失礼がなくうまくいきます。

「親ファイル」（波平やフネ）がいっぱいの人は、建前を大切にします。
「大人ファイル」（マスオ）がいっぱいの人は、冷静さを大切にします。
「子どもファイル」（カツオやタラ）がいっぱいの人は、本音を大切にします。

TPOによって、どのファイルを使うかをマスオで判断し、相手が大切にしているポイントを外さないようにしてみてください。

💡 ポイント4　「相手に求めるキャラクターを引き出す」

タラ（従順な子ども）が高く、ママに頼りたい子どもがいるとします。
ママのフネ（母性）が高い場合、つい何でも手を出してしまい過保護・過干渉になってしまいます。
そういうときは、ママがママ自身のタラを上げてみましょう。
「ママ少し大変だから、これお願いしてもいいかなあ？」とい

う具合です。

すると、子どものフネが上がり「やってあげようかな」という気持ちが働きます。

いつも家事や子育てで大変なママは、子どものフネを上げるのも、一つの手なのです。

エネルギーの総和は一定なので、相手のキャラクターのどれかが上がると、どれかが下がります。

自分がつらいなあと思うときは、相手に求めるキャラクターを上げるような言葉を発してみましょう。

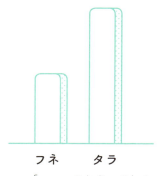

「ママ、これやって」のときの子どものエゴグラム

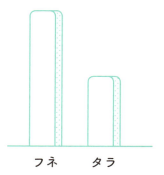

「ママを手伝ってあげよう」のときの子どものエゴグラム

■あの人はどのキャラクターが高い？
　簡単チェック！

相手のキャラクターを知ることは、円滑なコミュニケーションにつながっていきます。
では、どのようにすれば相手のキャラクターを知ることができるでしょうか？

ここに、違う種類のペットボトル飲料が5本あります。
その飲み物を必要としている人が5人います。
「さあ、好きなものをどうぞ」と言われたとき、その相手は、どう対応しそうですか？

「これがいい！」と1番に手を伸ばせる人はカツオタイプ。
「バカモーン！　勝手に取るな！」という人は波平タイプ。
「いいじゃないですか、好きなものを取れば」と言う人はフネタイプ。
「じゃあ、じゃんけんにしましょうか？」という人はマスオタイプ。
「残ったものでいいです」という人はタラタイプ。

エゴグラムでいちばん高く出てくるパーソナリティは、ものごとに対するその人の最初の反応を決定するものです。
とっさの場面では、エネルギーの高いキャラクターが出てくるものなのです。

■ キャラクターが語る私やあの人がそんなふうなワケ

「なんであの人はいつもプンプンしているの？」
「人の世話を焼いてばかりで疲れてしまう」
「なんであの人はいつも冷たいの？」
「なぜうちの子はワガママで親の言うことを聞けないの？」
「頼まれごとにノーって言うのが苦手」

どこにでもいそうな「あの人」たち。
サザエさん一家は、彼らがどうしていつもそうなのかも教えてくれます。
それがわかれば、人間関係を楽にする方法も見えてきます。

いつも怒ってばかりいる

人に命令したり、どんな人にもすぐ怒る人は、波平が高い可能性があります。

怒られるとついつい自分に落ち度があると考えてしまうものですが、ただ単にその人が怒りの感情を持ちやすいというだけなのかもしれません。
その人に怒られたときには、それが自分の失敗だけのせいなのかどうか冷静に判断してみて、そうではない場合は、あまり気にしないようにしましょう。

人の世話を焼いて疲れてしまう

おそらく、フネが高いのでしょう。
フネが高い場合は「やってあげよう」という気持ちが強く、つい他の人を助けてあげたくなります。

少し立ち止まり、マスオを上げて、「この相手は本当に手助けが必要なのか？」と考えてみましょう。
あるいは、波平を上げて「自分でやってごらん」と指導してみましょう。

フネが高すぎると過保護や過干渉になり、相手の成長を妨げ、依存させてしまいます。波平やマスオが上がると、自然にフネは下がります。

なんであの人はいつも冷たいの？

いつも冷静で理論的な、マスオが高い人がこうなりがちです。
ものごとを感情ではなく思考で判断するからです。
それが、「冷たい」とか「ビジネスライク」だと取られてしまうこともありますが、当人に他意はありません。
なぜなら感情に支配されず、自分で感情を選んでコントロールできるからです。

そういう人を相手にするときは、他意はないんだということを理解してあげましょう。

なぜうちの子はワガママで親の言うことを聞けないの？

それは、カツオが高すぎるのかもしれません。
マスオがある程度ないと、社会に対応するのが難しくなってしまうこともあります。実際、非行少年にはM型のエゴグラムが多く見られると言われています。

「自由とワガママ」の違いを教えてマスオを高める。周りの気持ちを伝えてタラを高めるようにするなど、他のエネルギーを上げるようにすると、高すぎるカツオのエネルギーが自然と下がります。

頼まれごとを断れない

そんな人はもしかしたら、タラが高いのかもしれません。
タラが高い場合、「断ったら嫌われてしまう」と思ってしまっていることがよくあります。

もしあなた自身がそうだとしたら、マスオを高め、
「ここで断ったら、本当に嫌われてしまうのか？」
「ここで断ることで、今後の関係性に影響があるだろうか？」
と客観的に考えてみましょう。

■色でキャラクターを強くする！

人間関係をスムーズにしていくのに、色を味方につけるというのもおすすめです。
色には波長があります。その波長と自分の波長が共鳴して、その色が持つエネルギーの波長に近づくことがでます。

↑ <u>波平をアップさせる色</u>
リーダーを任されたときなど、ここぞというときには**「赤」**がアドレナリンを誘発し、行動力やパワーをもらえます。

↑ <u>フネをアップさせる色</u>
子どもと接するときやデートのときなどには、数秒で女性ホルモンを自分にも相手にも分泌させると言われている**「ピンク」**がおすすめです。
慈愛カラーの「赤紫（マゼンタ色）」もいいですね。

↑ <u>マスオをアップさせる色</u>
冷静になりたいとき、客観的にものごとを判断したいときは**「青」**がオススメです。
鎮静作用があり、心や体温や心拍数を鎮めてくれます。
会議やクレーム対応にもおすすめです。

↑ カツオをアップさせる色

人前に出るときや、明るさや自分らしさを優先させたいときは**「黄色」「オレンジ」**が効果的です。オレンジは丹田の色なので、精神や肉体が身体の真ん中でどっしりと安定します。
注目されて、周りに人が集まる色でもあります。接客にも向く色です。

↑ タラをアップさせる色

独走してしまって周りがついてこられないときには、協調性とバランス感覚を補うために**「緑」**が効果的です。
穏やかに周りに合わせることができます。

色はホルモンを刺激します。
何だか最近怒りっぽいなあというときは、フネアップのためにピンクや赤紫を、自分に自信がないなあというときは、カツオアップのために黄色やオレンジを身につけるといいですね！

書き出しワーク
「私を助けてくれる色」

私がアップさせたいのは

[　　　　　　　　　　　　　　　　　　　　] です。

なので

[　　　　　　　　　　] 色の

[　　　　　　　　　　　　　　　] を身につけるようにします。

第三章

I'm OK?
You're OK?
～OK牧場を探す

■自己否定タイプと他者否定タイプ

I'm OK. You're OK. とは何でしょうか。これからそのことを説明していきますね。

突然ですが、子どもの頃、兄弟ゲンカをしていて花瓶が割れてしまった……なんてことがあったとします。
さあ、あなたはどっちのタイプ？

「お兄ちゃんが悪い！」と人のせいにするタイプ。
「ごめんなさい。私が悪かったの」と自分のせいにするタイプ。

人は問題が起きたとき、
- **うつうつと自己否定すると自分は守られる**
- **イライラと他者否定すると自分は守られる**

のどちらかを選んでいることが多く、それは幼児期の親の反応によって知らないうちに決められてしまっています。

親のなで方一つで、
- **この世は愛に満ちている**
- **この世は恐ろしい**

というまったく違う認識が子どもの身体に刷り込まれていきます。

でも、実際のところは、他人を責めても、自分を責めても、解決しなかったりするんですよね……。

■4通りの「人生の立場」

交流分析のゴールは、**「親密性を築くこと」**。
親密性とは、うつうつ自己否定でも、イライラ他者否定でもなく、相手の嫌なところもよいところも受け入れて、自分が言いたいことも言えて、お互いを受け入れ認め合える関係性です。

交流分析では、人への関わり方を**「人生の立場」**といいます。
「人生の立場」は、自分と他人との交流の中で、自分が自分や他人をどのように感じているか、どう反応しているかという姿勢や態度のことです。
幼少期に**「この立場を取っていれば、うまく生き抜くことができる」**という決断をすることで形成されます。

■OK牧場

どのような「人生の立場」にいるかの分析法を、心理学者フランクリン・アーンストは**「OK牧場」(OKコラル)** と名付けました。
このOK牧場、自分や他人への考え方の枠組みとして使われています。

OK牧場には、次ページに示されるような4つのエリアがあります。

フランクリン・アーンスト
「OK牧場」4つの立場

第2の立場

I'm not OK. You're OK.

逃げていく立場
(ゆううつ・回避・劣等感)

第1の立場

I'm OK. You're OK.

うまくやっていく立場
(協力・信頼・建設的)

第4の立場

I'm not OK. You're not OK.

行き詰まりの立場
(不信・破滅・無気力)

第3の立場

I'm OK. You're not OK.

相手をやっつける立場
(焦り・攻撃・独善)

■ あなたはどの立場？

さて、あなたはどの立場にいることが多いでしょうか？

私たちは、自分がどの立場にいるのがいいかを幼少期に決めてしまっています。これには、親の関わり方が関係しています。

いつも「私もOK あなたもOK」にいれたらいいのですが、何か問題が起きると、「私はだめ」と自己否定に陥り相手に劣等感を感じたり、「あなたはだめ」と人のせいにしたり、「あなたも私もだめ」とストレスフルになったりすることがあります。

人の特徴のひとつに、「自分の思い通りにしたい」という欲があります。
その正体は「自分はこうなりたい」「人をこうしたい」という2つの欲です。

**「私もあなたもOKじゃない」から「私もOKあなたもOK」
に変われたら、もっと自由になれます。**

さてこれから、コミュニケーションのときにあなたはどのように感じているか、「人生の立場」を見ていきたいと思います。

■人生の立場チェック
あなたはI'm OK？ You're OK？

はい＝○　どちらでもない＝△　いいえ＝×を書き、
最後に○＝2点　△＝1点　×＝0点で合計を出してください。

(1)

1	自分は頼りになる人間だと思っている	
2	何があってもだいたいは乗り越えられる	
3	自分は大切に育てられたと思う	
4	自分が好きである	
5	ありのままの自分をさらけ出せる	
6	自分の能力に自信を持っている	
7	容姿に魅力があると思う	
8	誰とでも緊張せず話せる	
9	自分の性格は悪くない	
10	行動力があるほうだ	
	合計	

(2)

1	人を信じるほうである	
2	各々の自分の意見を持つことはいいことである	
3	人の気持ちを理解したいと思っている	
4	人をあまり嫌いにならない	
5	人の長所を見つけたら褒めたい	
6	人を認めるほうである	
7	誰かの失敗を責めない	
8	自分と違う考えの人がいても気にならない	
9	人のいいところを見つけるのが得意である	
10	人の幸せを嬉しく感じることができる	
	合計	

（3）

1	どうせ……と思うことがよくある	
2	周りからあまり好かれていない	
3	自分はだめだなぁと思うことがよくある	
4	人間関係であまりうまくやっていけない	
5	失敗が怖くてあまり行動できない	
6	人と一緒にいるのはあまり好きではない	
7	人に合わせたほうが楽である	
8	自分に自信がない	
9	よく後悔する	
10	自分で決めて行動するのは苦手である	
		合計

（4）

1	あまり相手を褒めない	
2	人のいい点は見ず、悪い点を指摘する	
3	人をあまり信用していない	
4	相手に不平不満を言ったり、理論でやり込めたりする	
5	人から指示されるのは好きではない	
6	他人に対する評価は厳しいほうだ	
7	相手が思った通りに動かないとイライラする	
8	問題が起きると自分のせいではなく人のせいにする	
9	自分は何事もできるほうだ	
10	自分と違う考えの人は受け入れられない	
		合計

（1）	（2）	（3）	（4）
点	点	点	点

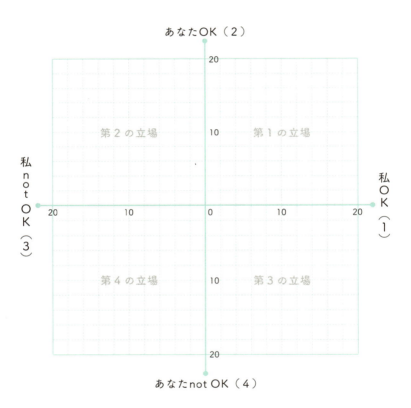

（1）が私OK、（2）があなたOK、（3）が私not OK、（4）があなたnot OKの度合いを表しています。

これをもとに、あなたがどの立場にいることが多いのかをチェックしていきます。
まず、それぞれの点数をそれぞれの軸の上にプロットしてみてください。

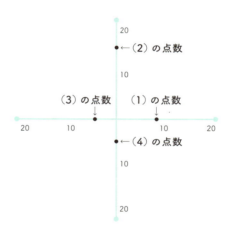

次に、私OKの得点を垂直に、あなたOKの得点を水平に伸ばしていって、ぶつかったところで長方形を作ってみてください。この面積が、あなたが第1の立場にいる長さです。

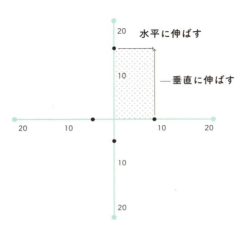

同じようにして、私notOKとあなたOKを結ぶと第2の立場、私OKとあなたnotOKを結ぶと第3の立場、私notOKとあなたnotOKを結ぶと第4の立場となります。

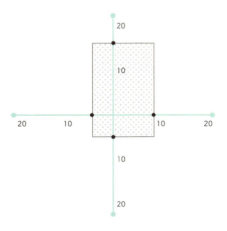

■「OK牧場」それぞれの立場

さあ、どうでしたか？
どこの面積が大きかったでしょうか？
面積が大きいと、その立場から対人関係に使うエネルギー量が多く、小さいと、その立場から対人関係に使うエネルギー量が少ないということになります。

それぞれの立場の特徴を詳しく見ていきましょう。

2 私はOKじゃないけど あなたはOK	**1** 私もOK あなたもOK
4 私もあなたも OKじゃない	**3** 私はOKだけど あなたはOKじゃない

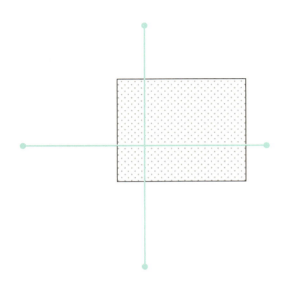

■ 第1の立場：
　私OK　あなたOK（自己肯定・他者肯定）

ストレスがなく自然体でいられる立場。

周りを大切にして、ありのままに振る舞うオープンな存在です。
自分の能力に自信を持ち、他人の優れた面を認めていけます。
本当の感情を出せる立場で、Win-Winの関係性を保つことができます。
エゴグラムでいうと、「山形」「への字型」の人がこれにあたります。

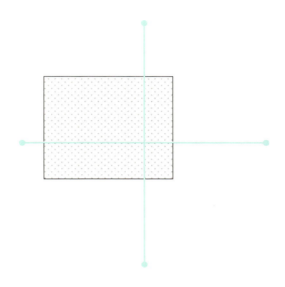

■ 第2の立場：
　私 not OK　あなた OK（自己否定・他者肯定）
自信をなくしがちな立場。
何か問題が起きると「I'm not OK」と自己否定に陥ります。また「自分はOK」に見える人がいると劣等感を感じ、密接な関係を結ぶことができなくなります。
指示をしてくれる人を求め、その人の指示通りに動き、依存したり従ったりする人がこれにあたります。
エゴグラムでいうと「N型」。フネとタラが高い人がこれにあたります。

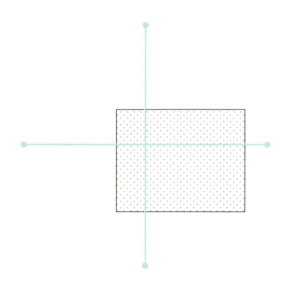

■第3の立場:
　私OK　あなたnot OK（自己肯定・他者否定）
自分が正しいと思う立場。
この立場の人は他者否定の傾向があり、何かあると「自分は正しい」「あいつが悪い」と人のせいにしてしまいます。要するに人やものごとを思い通りにしたい人です。また、自己肯定感が高く、思い通りにならないと切り捨てたり支配的になったりすることがあります。
エゴグラムでいうと「逆N型」。波平とカツオが高い人がこれにあたります。

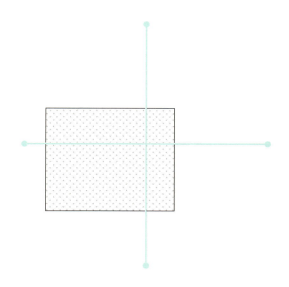

■ 第4の立場：
　私not OK　あなたnot OK（自己否定・他者否定）

ストレスフルで希望が見えない立場。

この立場の人は何でも悪いほうに考え、私もだめ、周りもだめと思い込み、自信が持てません。「何も楽しいことがない」と、人生が無意味なものに感じられてしまいます。

エゴグラムでいうと「逆台形型」と「W型」。波平とタラが高い人がこれにあたります。

■立場で体調不良に!?

まとめてみると……
第1の立場に多くいる人は、**人間関係がスムーズで、「協力」「共存」することができます。**

第2の立場に多くいる人は、**自分を責めやすく、「劣等感」「後悔」「他者依存」しやすい。**

第3の立場に多くいる人は、**人をやっつけやすく、「独善」「自己中心」になりやすい。**

第4の立場に多くいる人は、**「行き詰まり」「自己破滅」に陥りやすいということです。**

私not OKだと、いじいじとした時間をすごしやすく、あなたnot OKだと、イライラした時間をすごしやすくなります。

■体の状態からみると?
私not OKの場合、低体温、姿勢が悪い、冷え性、血流が悪いなど、「前傾で循環が悪い」ことによる症状が出やすくなります。

あなたnot OKの場合、肩こり、頭痛、心筋梗塞、腰痛、顎関節症などの「力が入る」ことによる症状が出やすくなります。

■I'm OK. You're OK. になるために

では実際にどうしたら私OK、あなたOKになれるのでしょうか？

■第2の立場の人（私not OK　あなたOK）

幼い頃、「自分はだめ」としくしく泣いたり、「自分はできない」と思っているときに、親から優しい声を投げかけてもらえた場合、「泣いたり自己否定をしていると、人から構ってもらえる」と思ってしまうようになります。
でも、人生において、あなたの代わりは一人もいません。
長所に目を向け、自分は周りの役に立っていると考えてみたりして、自分の行動や存在を認めてあげましょう。
キーワード：私は何から逃げようとしているのか？

■第3の立場の人（私OK　あなたnot OK）

幼い頃、「分かってくれない」と怒ったりイライラしたりというときに親に声をかけてもらえた場合、「怒ったり、イライラしたりすると、人から構ってもらえる」と思うようになってしまいます。
謙虚に人の意見を受け入れるようにしてみましょう。相手を責めるよりも、まず話を聞いてみましょう。相手にプラスの投げかけを与えてみましょう。
キーワード：私は何を攻撃しようとしているのか？

■第4の立場の人（私 not OK　あなた not OK）

幼い頃、自分を責め、人を責め、自暴自棄になると構ってもらえた場合、この立場が身につきます。
自分と他人の両方を認めること、そして、自分も誰かの役に立っている大切な存在だと気づくことが大切です。
キーワード：私にできることは何だろう？
　　　　　　行き詰まりを感じているのはなぜ？

💡ワンポイント　自分の人生は自分で決めていける

悩んでいるときは、第4の立場「あなたも私も悪い！」となりがちです。
それは「他律」の状態。つまり、「あの人がこう言ったからこうなった」「あの人が私を怒らせた」という考え方です。
第1の立場は「自律」の状態。つまり「私はこうしていこう」「私はこう言おう」と自分で選んでいける状態です。

相手からの刺激を相手のせいにする必要はありません。
それをどう受け取るのか、つまり、自分の行動や思考や感情は自分で選んでいけるのです。
怒りをきちんと伝え、嫌なことを言われたときは、受け取らないという選択もできます。

それが「自律」。
自分の人生は、自分で決めていけるのです。

書き出しワーク
「私OK? あなたOK?」

私のOK牧場は、

- [ ] **第1の立場**：私OK あなたOK
  （自己肯定・他者肯定）
- [ ] **第2の立場**：私not OK あなたOK
  （自己否定・他者肯定）
- [ ] **第3の立場**：私OK あなたnot OK
  （自己肯定・他者否定）
- [ ] **第4の立場**：私not OK あなたnot OK
  （自己否定・他者否定）

でした。

なので _____ です。

（ここをこうしていきたい）

第四章

心のコップを満たすもの
〜もらって嬉しいストローク

■目隠しして
　刺激のない部屋にいると？

交流分析を提唱した精神分析医エリック・バーンはこう言っています。

「人は何のために生きているか？　それは、ストロークを得るためだ」

ストロークとは相手を認知する関わり全般を指します。

こんな有名な心理実験があります。
「人が刺激を受けなかったらどうなるのか」という、ウッドバーン・ヘロンが1957年に行なった感覚遮断実験です。

この実験の被験者は、
1. 目隠しをされる
2. 耳栓をつけられる
3. 手足には円筒をはめて物を触ることができないようにされる
4. 室内の温度は一定にされる
5. 食事とトイレ以外は柔らかいベッドの上で寝かされる

つまり、視覚・聴覚・触覚刺激を極力制限される状況下に置かれました。

さて、あなたが被験者だとしたら、どうなると思いますか？

被験者は、初めのうちはよく眠ったそうです。
目が覚めると、おやおや、だんだん落ち着かなくなる……。

この状態で実験を2、3日続けたところ、被験者の思考が次第に乱れ始め、身体の違和感を訴えるようになり、とうとう最後まで実験を続けることができなくなったそうです。

この実験から分かったこと。
それは、**人は刺激の中で生きることにより、「安定」であったり「自分が生きている」といったことを感じるものだということ。**

人にとって過酷なのは飢えではなく、認めてくれる人がいないことなのかもしれません。
人は「刺激と反応」の中で生きているともいえます。

■ストローク

エリック・バーンは、人が相手を認知し、関わるための言語・非言語の投げかけ全般を「ストローク」と呼びました。
「ストローク」には、「オールの一漕ぎ、打つ、投げる」「触れる・なでる」などの意味があります。

ストロークについて、もう少し具体的に説明しましょう。

プラスストロークとマイナスストローク
ストロークには、プラスマイナスがあります。
受け取った側が嬉しくなるような、肯定的に認められていると感じるものがプラスストロークです。
受け取った側が嬉しく思わない、否定的に受け止められるものがマイナスストロークです。

条件付ストロークと無条件ストローク
ストロークは、それが相手の何に対して与えられたかによって区別することができます。
条件付ストロークは、行動や言葉に対するもの。
そして、無条件ストロークは、人格や存在に対するものです。

身体的ストロークと精神的ストローク
さらに、言葉や態度で表されたものか、身体的な接触によって表されたものかという点からも区別されます。

態度や言葉で表されるものは精神的ストローク、身体的なタッチがあるものは身体的ストロークと呼ばれます。

■ **ストロークの具体例**

ではどういうものがプラス・マイナス、身体的・精神的、条件付・無条件のストロークなのでしょうか。以下の表に具体例を挙げてみました。

条件付	身体的	＋（なし）
		－（なし）
	精神的	＋ テストがよくできていい子ね
		－ 約束を守れず悪い子ね
無条件	身体的	＋ 抱きしめる、手を握る、なでる
		－ ぶつ、殴る、突き飛ばす、蹴る
	精神的	＋ 大好き、いてくれてありがとう、笑顔
		－ 大嫌い、あっちいってて、無視、怒鳴る

■もらって嬉しいストロークとは?

「人はストロークを得るために生きている」とエリック・バーンが言うように、日々のストロークの中でお互いを認めながら生きているのが私たち。

ストロークが増えると心は安定し、ストロークが少なくなると心が不安定になってしまいます。
近年SNSでつながりたいと思う人が増えているのも「刺激と反応」が欲しいからです。
そしてできれば、マイナスよりもプラス、条件付より無条件のストロークをもらいたいものです。

たとえば、「嫌い」と言われるより「好き」と言われたほうが嬉しいですし、「あなたは頭がいいからいい子」と言われるより、「あなたはとても大切な存在よ」と条件なしで言われたほうが嬉しいものです。

また、条件付ストロークでは、変えられないところを条件に入れてしまうと、受け取る側は無力感を感じてしまいます。
たとえば、「あなたは女性なのに背が高くて、男性のお相手が少ないわね」(条件付マイナスストローク)などのように変えられない点を伝えられても、できることはありません。
「あなたは笑顔が少ないからもっと笑ってみたら」(条件付

マイナスストローク）のように、変えられる点を条件にして伝えてあげたいですね。

プラスストローク ＞ マイナスストローク

無条件ストローク ＞ 条件付ストローク

■穴のあいた心のコップ

まず、あなたの心をコップとして考えてみましょう。心のコップに、人からのストロークや自分へのストロークがたまっていきます。しかし、コップの底には穴があり、日々少しずつ漏れていきます。

このコップにいっぱい「ストローク」がたまっていれば、心が安定して心豊かに生きられるのですが、空っぽになると不安でイライラと無気力感に襲われます。

コップに「ストローク」をためるには、2つの方法があります。一つは「人からストロークをもらう」こと、もう一つは「自分へストロークを与える」ことです。

このコップは、下に穴があいているのでした。そのため、日々ストロークを補充しないと空っぽになってしまいます。そして傷つくできごとがあったときには、コップの周りにも穴があいてしまい、ふだんに増してストロークが流れ出てしまいます。

人にストロークを与えていられるためには、この自分のコップがある程度満たされていないといけません。プラスストロークで満たされていると、出てくるストロークもプラスストロークが多くなります。
コップが満たされていないうえにマイナスのストロークばかり

がたまっていると、人にストロークを与えづらくなります。与えようとしても、自己卑下を伴ったストローク（「私はダメだけど、あなたはいいわね」など）を与えることになってしまいます。

コップの中身が少なくなってきたら、自分で自分にストローク
を与えて満たすことができます。自分に自信がある人は、自分
を認められているものです。
しかし、自分へのストロークが少ないと他人からのストローク
をたくさんもらわないといけないので「私すごいでしょ？」と
アピールして他者からの承認を得ようとします。

刺激そのものはプラスでもマイナスでもなく、受け手がその解
釈を決めることができます。プラスと受け取るか、マイナスと
受け取るかは自分次第なのです。
たとえば、「素敵なお洋服ね」とストロークをもらったときに、
「どうせ社交辞令でしょ？」ととるか、「ありがとう、あなたに
言われると嬉しい」とプラスに取るかは自分次第です。素直に
受け取れない場合、せっかくのストロークをもらっても、コッ
プの中に入っていきません。

心のコップを満たすコツは、自分にもプラスのストロークを与
えるとともに、人からのストロークを素直に受け入れることで
す。

■コップの中身が少なくなるとやってしまう2つのこと

1　人からマイナスストロークを得ようとする
子どもがわざとイタズラをしたり、虐待されている子どもが逃
げ出したりしないのは、マイナスストロークでさえも欲してし

まうからです。
もちろん、本当はプラスストロークがほしいのですが、それが手に入らない場合には、無視されてしまうことよりもマイナスストロークを手にすることを求めるのです。
自由奔放なカツオだって本当は褒めてほしい。だから、褒められるような行動がとれないときは、怒られる行動をとることで関わりを持とうとします。

大人の場合だと、「疲れた」「死にたい」などの言葉を発して、周りからストロークをもらおうとします。

2　自分にマイナスストロークを与えてしまう

人からプラスストロークもマイナスストロークももらえないとき、自傷行為をする、自己否定感を持つなど、自分に対するマイナスストロークを与えてしまいます。

人からプラスストロークもマイナスストロークももらえず、自分でもプラスストロークを与えられないとき、自傷行為をしたり自己否定感を持つなど、自分に対するマイナスストロークを与えてしまいます。
自傷行為は不安やストレスから感じる辛さを、「痛み」という皮膚刺激に置き換えることで耐えやすくすることを目的に行われることが多いものです。

■ どんなストロークをあげてる？もらってる？

設問の答えが「まったくそうだ」なら◎、「しばしばそうだ」なら○、「ときどきそうだ」なら△、「滅多にない」なら×を記入してください。そして、◎＝3点、○＝2点、△＝1点、×＝0点として合計点を記入してください。

(1)

1	あいさつは先にするほうだ	
2	いつも笑っているようにしている	
3	相手には励ましの言葉を送るほうだ	
4	困っている人がいたら助ける	
5	ステキだと思ったら口に出して褒める	
	合計	

(2)

1	相手を批判したり責めたりすることがある	
2	ルールは守るように厳しく言うほうだ	
3	尊大な態度でびしっと注意してしまう	
4	独断的な言い方をしてしまうことがある	
5	カッとなって怒ることがある	
	合計	

(3)

1	贈り物は遠慮なく受け取る	
2	励ましの言葉は素直に受け取る	
3	注意されたことは好意的に受け取るほうだ	
4	褒められたら喜びを素直に表現するほうだ	
5	あいさつされたら、笑ってあいさつを返す	
	合計	

(4)

1	苦情を言われるとうろたえてしまう	
2	あまり乗り気でない会話でも、最後まで付き合ってしまう	
3	相手の言動に反応し消極的になりがちだ	
4	注意されると何も言えなくなる	
5	悪口や批判を気にしてしまう	
	合計	

(5)

1	周囲からの評価を得たくなる	
2	分からないことはすぐに聞く	
3	何でも話せる友人がいる	
4	困ると助けてもらう	
5	褒めてほしいときは素直に言う	
	合計	

(6)

1	相手を怒らせてしまうことがよくある	
2	遅刻を繰り返してしまう	
3	何かをして周囲を騒がせることがある	
4	すぐに弱音を吐いてしまう	
5	こじれた対話を繰り返してしまう	
	合計	

(1) 点	(2) 点	(3) 点
(4) 点	(5) 点	(6) 点

各合計を書き入れたら、それらを以下の表に棒グラフで書き入れてください。

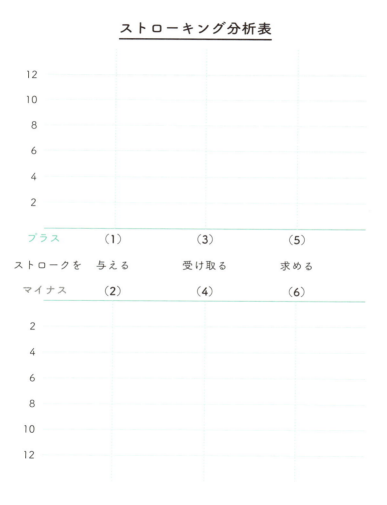

■あなたのストロークの特徴は?

さて、どんなグラフになったでしょうか?
見方は次の通りです。

💡 ポイント1　どんなストロークを与えている?
(1) はプラスストロークを与えているか、(2) はマイナスストロークを与えているかです。

(1) の得点が高いようなら、プラスのストロークを周りに与えているといえます。
必要に応じてマイナスストロークを与えることもありますが、(2) の得点が高すぎると周りから疎まれてしまいます。その場合、相手は、「自分を思って言ってくれているんだな」とプラスに受け取れる言い方をすることが大事です。

💡 ポイント2　どんなストロークを受け取っている?
(3) はプラスストロークを受け取れているか、(4) はマイナスストロークを受け取れているかです。

(3) の得点が高ければ、心はプラスストロークに満ちています。
(4) の得点が高いようなら、人の意見を受け入れすぎているのかもしれません。
ただし、(4) が低ければ低いほどいいというわけではありま

せん。極端に低い場合、頑固で人からのアドバイスを受け取れていない可能性があります。

💡 ポイント3　どんなストロークを求めている？

（5）はプラスストロークを、（6）はマイナスストロークを求めている度合いを表すものです。

（5）の得点が高ければ、プラスストロークを求めることができている状態にあるといえます。
一方、（6）の得点が高い場合、ストロークが不足していることから、マイナスストロークであっても求めてしまうような状態になっている可能性があります。

書き出しワーク
「どんな投げかけをしてる？」

私のストローク傾向は、

- [ ] プラスストロークを与えている
- [ ] マイナスストロークを然るべきときに与えている
- [ ] プラスストローク（褒め言葉など）を素直に受け取れている
- [ ] お叱りや注意をきちんと受け取れている
- [ ] ほしくないストロークは、断ることができている
- [ ] ストロークを求めることができている
- [ ] 「私を叱って」とマイナスストロークを求めがちだ
- [ ] プラスストローク（褒め言葉など）を与えるのを拒んでいる
- [ ] マイナスストローク（人を叱るなど）を与えるのが苦手だ
- [ ] 自分にもストロークを与えられている

です。

■ストロークで安定した心を手に入れるためには

ストロークは、プラスのものを多く受け取り、与えるのがいい、というのは分かりやすいですね。

マイナスストロークは、受け取りすぎたり、与えすぎたりするのはよくありませんが、ゼロにする必要はありません。
お互いの信頼関係があるときは、むしろ、適度に受け取り、適度に与えたほうが、人間関係がなめらかになります。

ストロークについては、次のことを心がけてください。

1　与えるストロークを持っていたら、与えよう
2　ストロークが必要なときは、求めよう
3　欲しいストロークは、受け取ろう
4　欲しくないストロークは、上手に断わろう
5　自分を上手に褒めよう

■心のど真ん中に伝える「ターゲットストローク」

いちばんほしいストロークのことを「ターゲットストローク」といいます。
人それぞれ違うので、相手の望むストロークを聞く、そして、自分のほしいストロークを伝えるのがいちばんです。

たとえば子どもの名前。何と呼んでほしいかは、子どもによりまちまちです。
私の友人は「ひろき」という名前の息子を、「ひろくん」とずっと呼んでいました。
しかし本人に聞いてみると、呼ばれたい名前は「ひろき」だったそう。
ぜひお子さんに呼ばれたい名前を聞いてみてください。
案外呼ばれたい名前とは違う名前で呼んでいるものです。

■ターゲットストロークの見つけ方

次のページに、自分のいいところ、好きなところ、得意なところを5分間で書けるだけ書いてみてください。
次に、その中から、「これを言われると、心が震える！」と思うものを5つ選んでください。
その5つの言葉を他の人から言ってもらい、いちばん響くものが、あなたにとってのターゲットストロークです。

自分のいいところ、好きなところ、得意なところ

- [ ]
- [ ]
- [ ]
- [ ]
- [ ]
- [ ]
- [ ]
- [ ]
- [ ]

■効果的なストローク
　～子どもに声をかけるときは？

■「バカモーン！」ではなく条件付ストローク

子どもを叱るときには「条件付マイナスストローク」が有効です。「こういうことをしたのは、よくないね（でもあなたの存在は大切なの）」と行動や言葉に対するものだという条件を付けて叱ってあげると、「僕はこれをしてしまったからだめだったんだ」と理解することができ、自己肯定感を傷つけることなく行動を変えさせることができます。

一方で、「だからあなたはだめなのよ」という無条件の叱り方では、子どもの存在さえ否定するメッセージになってしまいます。

叱る言葉の下に、無条件肯定の心（あなたのために言う。あなたが成長してほしいから言う）があれば、条件付きのストロークが活きてきます。

つまり、信頼関係があってこそ、叱る言葉は活きてくるのです。否定ができるのも、愛ある波平があってこそです。しかし、波平が強すぎると、相手のタラの心を助長させてしまいます。
褒められもせずに注意ばかりされる人と、いいところは褒められ注意されるときは受け入れられる形で指摘される人とでは、成長の度合いが違うのは明白ですよね。

■ストロークの好みで分かる、カツオ年代とタラ年代

発達段階により、必要なストロークは変わります。
親との最初の関わりは「身体的ストローク」。これは、タラ年代（幼児期・小学校低学年）に必要なストロークです。抱っこする、なでるなど、接触があるストロークです。

カツオ年代（小学校高学年や思春期）になったら「言葉によるストローク」が求められます。「よくがんばったね」「あなたは大切な存在なのよ」というストロークが心に響きます。

また「傾聴」という相手の話を最後まで聞いてあげるという行動は、思春期以降には最上級のストロークになります。傾聴は、無条件のプラスストロークになるのです。

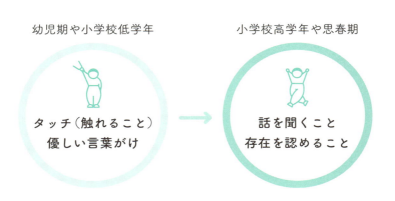

コラム

「悲劇的な実験」

人と人。
このつながりが、喜びをもたらしてくれたり、ときに面倒を巻き起こしたり……。
でも「生きている」ということを実感させてくれるのは、やはり人との触れ合いなのかもしれません。

そう思わせる、こんなお話を聞きました。

第二次世界大戦後、アメリカの精神科医であるルネ・スピッツ博士は孤児55人に対し、ある実験をしました。
戦後の劣悪な環境の中、最高の環境だけを与えて子どもを育てる実験です。

綺麗な施設で、ミルクやおむつや玩具はきちんと与える。
でも、話しかけることも目を合わせることもせず育てます。
その中で子どもたちがどう成長していくかを観察しました。

博士は「衛生的でいい環境で育てられた子どもは、接触の有無にかかわらず、よりよく成長する」ということを証明したかったそう。

しかし、その実験結果は……。
55人中、27人が2年以内に、17人が成人前に亡くなりました。

さらに、成人後も生き続けた残りの11人の多くに知的障害や情緒障害が見られたそうです。

なんとも悲劇的な実験……切なくなりました。

人は人の間で育ち、関わりを持つことで生体エネルギーをもらい、元気に生きていけるのですね。

お話ができない赤ちゃんでも、人肌の温かさ、声のトーン、頬を触れられる感覚……。
そんなことを抱っこや声かけを通して全身で感じているのでしょう。

年代は違えど、いまの生活にはその実験と似たものがあるのではないでしょうか。
友人や家族とすらリアルに話をするのではなく、メールで済ませてしまったり、あるいは人と触れ合わなくても、テレビやネットでなんとなく気が紛れてしまう。

どんな年代であれ、自分が「生きている」ということを実感するために誰かと話したり、触れ合ったりすることは、大切なことなのかもしれませんね。

第五章

波平やフネの
口癖がカツオたちの
人生を創る
〜禁止令とドライバー

■本当の自分でいられない理由
　〜心のブレーキ〜

「わたし、本当に、生きていていいのでしょうか?」
サザエさん講座の生徒さんから、ぽつりと、こんな言葉が出てきたことがあります。

「どうしてそう思うの?」
とよく話を聞いてみると……。

「出産時に母親が生死をさまよって大変だった。わたしは母親にすごく迷惑をかけてしまった」
「男の子を望まれていたのに、私は女の子。ずっと自分は役に立たない人間だと思っていた」
という話をしてくれました。

幼少期に投げかけられた親の言葉や態度が、その方の心にブレーキをかけ続けていたのです。

交流分析では、そのような**「子どもの行動を阻止するメッセージ(言葉や態度)」**を禁止令といいます。

「幸せになってはいけない」と思っていたマドンナ。「役に立たないと存在してはいけない」と思っていたダイアナ妃。
どちらも、幼少期の禁止令によるものです。

親の言葉は絶大な影響力で潜在意識に入り込んでいます。
そう、人はなんらかの形で「魔法にかかっている」のです。

過去のできごとや親によく言われた否定的な言葉で傷つくと、それが「自己否定」のきっかけとなります。

ゾウは、小さい頃から首に鎖をつけられて飼育されると、大きくなって鎖を外されても、逃げないそうです。
このお話と、親からの禁止令は似ています。

もちろん、しつけのためや、子どもの命を守るための、必要な禁止令もたくさんあります。

ただ、親が発した禁止令が、その子が大人になってもずっと効き続けるということを、発する側は知っておく必要があります。
波平やフネの口癖が、カツオたちの人生を創ります。

■ あなたにはどんな禁止令が かかっている？

ロバート・グールディングとメアリー・グールディング夫妻は、禁止令を分類し、12のリストにまとめました。
「存在の禁止」「性別の禁止」「子どもであることの禁止」「成長の禁止」「成功の禁止」「実行の禁止」「決定の禁止」「仲間入りの禁止」「愛情・信用の禁止」「健康の禁止」「創造性の禁止」「要求の禁止」です。
あなたにかけられた「魔法」を、確認してみましょう。

■ 12の禁止令（stopper）
当てはまるものにチェックをしていき、合計数を記入していってください。

禁止令1 存在してはならない（存在の禁止）
「おまえなんて産まれてこなければよかったのに」など、存在を否定された場合にかかる禁止令です。
スキンシップ不足になったり、暴力や虐待に姿を変えることもあります。自殺願望が出ることも。
仕事や課題に存在意義を求め、仕事人間になることもあります。

☐ 自分なんていなければいいのにと思ったことがある
☐ 自分は生まれなくてもよかったのではないかと思う
☐ 自分は愛される資格がない

- [ ] 自分はだれにも必要とされていない
- [ ] 自分の言葉には誰も耳を傾けてくれない
- [ ] 自分のせいで親は苦労した
- [ ] 自分は邪魔者だと思っている

合計

禁止令2 男（女）であってはならない（性別の禁止）

本当は男の子（女の子）が欲しかったと言われ、スカートをはかせてもらえない、男兄弟のほうが親から可愛がられた……。そうすると、大人になっても、自分の性別らしく振る舞えないようになってしまいます。

- [ ] 自分が女性（男性）でないほうがよかったのではと思う。
- [ ] 女らしく（男らしく）いることを禁じられていた
- [ ] 自分の性別にどこか違和感がある
- [ ] 自分は女性として（男性として）愛されない
- [ ] 服装やしぐさが女性らしい（男性らしい）のは恥ずかしい
- [ ] 異性の兄弟姉妹がうらやましかった
- [ ] 「お隣の子は、こんなことができるのよ」と比べられた

合計

禁止令3　子どものように楽しんではならない
　　　　　（子どもであることの禁止）

「早く大人になってね」という声かけや態度が招く禁止令です。
第一子に多くみられます。
家事手伝いや下の子の世話を求めすぎたり、自由を禁止するなどしているうちに、周りの期待に応えようとするようになります。

- ☐ 楽しむことや休むことはどこかでいけないことだと思っている
- ☐ 助けてもらうことに抵抗がある
- ☐ 「お姉ちゃんなんだから」「お兄ちゃんなんだから」とよく言われた
- ☐ 早く大人になりたいと思っていた
- ☐ 自分のやりたいことに抵抗がある
- ☐ 親の期待に応えていないといけなかった
- ☐ 楽しいことが何なのか分からない

合計

禁止令4　成長してはならない（成長の禁止）

「そんなに早く大きくならないで」という過保護・過干渉による禁止令です。
「あなたにはまだ無理よ」と、自立してはならないというメッセージを暗に伝えています。
末っ子や一人っ子によく見られ、大人になっても人を頼りにす

るようになってしまいます。

- ☐ 私は無力だ
- ☐ 誰かのサポートが必要だ
- ☐ 大人になると心配してもらえなくなる
- ☐ どこか頼りない自分がいる
- ☐ 一人ではなにもできない
- ☐ 子どものままでいたい
- ☐ いまも親に面倒を見てもらっている

合計

禁止令5 成功してはならない（成功の禁止）

「成功してはならない」「何をやってもダメね」という声かけがあったり、親が子に嫉妬して、むやみやたらと手を出してしまうと、成功体験をなかなか味わうことができません。
やがて、あえて失敗を繰り返すようになります。

- ☐ 成功すると大切なものを失う気がする
- ☐ 自分の人生がうまくいくと思えない
- ☐ 夢はかなわないと思っている
- ☐ 成功すると嫉妬される。嫌われる
- ☐ そのうちうまくいかなくなるのではないかと心配
- ☐ 何をやってもうまくいかない

☐ うまくいかないと心のどこかで安心する自分がいる

合計

禁止令6 行動してはならない（実行の禁止）

「○○しちゃだめよ！」「よく考えてから行動しなさい」
行動を抑制された場合にかかる禁止令です。
親が恐がりな場合もあります。
大人になっても自分で行動を起こせなくなります。

☐ 考えずに行動すると失敗すると思っている
☐ すぐに動くのは怖い
☐ 考えてばかりで、結局行動できない
☐ よく考えなければならない
☐ 考えがまとまらないと行動できない
☐ 何もしないほうが安全だと思っている
☐ 新しいことにはなかなか取り組めない

合計

禁止令7 重要になってはならない（決定の禁止）

「子どもはあっちに行っていなさい」
いつもそのように扱われていると、自己重要感が持てず、自己

主張ができなくなります。
大人になっても劣等感に悩まされます。

- [ ] 自己評価が低い
- [ ] 自分ができることは誰でもできると思っている
- [ ] 夫の（妻の、母の、子供の）許可を得ないまま勝手に行動することはできない
- [ ] 自分はあまり重要でない
- [ ] 自分の意見はたいてい採用されない
- [ ] 上に立つのは怖い。
- [ ] 家庭や職場で、自分を優先させてはいけない

合計	

禁止令8 所属してはならない（仲間入りの禁止）

「あなたは他の子と違うのよ」「うちはそんなことさせません」など、友達の仲間に入らないように禁じられると、集団行動が苦手になります。

- [ ] 自分は変わっている。みんなとは少しずれている
- [ ] 自分には居場所がない
- [ ] 自分は必要とされていない
- [ ] うちは他の家とは少し違っていた
- [ ] 集団の中で自分の話をすると人に迷惑をかけると思う

- [ ] 集団にはうまく溶け込めない
- [ ] 自分がこのグループにいるのはそぐわないと思う

合計

禁止令9 愛してはならない　信用してはならない
（愛情・信用の禁止）

「人を信じたらいけないよ」「近づかないで」という言葉を投げかけられたり、離別や人間不信などを体験をした場合、愛したり、信じたりすることができなくなるような禁止令がかかります。

- [ ] 仲良くすると、いつか別れがくるのではないかと思う
- [ ] 仲良くなると自分の悪いところが見えて嫌われるのではと心配になる
- [ ] いつか裏切られる不安がある
- [ ] 別れを告げられるより、自分から離れる
- [ ] 人を愛すると相手によくないことが起きる
- [ ] 人は信用できない
- [ ] 自分は一人が似合っている

合計

禁止令10 **健康であってはならない（健康の禁止）**

病弱なために周囲から労われ、大切にしてもらえた場合、大人になっても、病気がちでいようとします。

- [ ] 自分が元気だと心配になる
- [ ] 健康について興味がある
- [ ] 大事なときに病気になったりけがをしたりする
- [ ] 風邪をひくと「ほらやっぱり」と思う
- [ ] 自分は健康でなく、いつも病気がちだ
- [ ] 風邪をひくと親が特別優しくしてくれた
- [ ] 病気がちな人を見るとうらやましく思う

合計

禁止令11 **考えてはならない（創造性の禁止）**

「親の言うことを聞きなさい」「生意気な子ね」と言われるなど、子どもの頃に考えることを否定された。あるいは、親の言うことを聞いていれば、親が褒めてくれた場合。
大人になっても自分で判断をしなくなるようになります。

- [ ] 自分の考えにはいまいち自信が持てない
- [ ] 自分で決めるのが不安で、優柔不断だ
- [ ] 考えても意味がない、面倒だ
- [ ] 自分の考えは誰かに確認したい

- [ ] 人の言う通りにしていたほうが楽
- [ ] 問題が起きると頭が真っ白になり何も考えられない
- [ ] 先に答えを聞いて安心したい

合計

禁止令12 自然に感じてはならない（要求の禁止）

「泣いてはいけません」「怒ってはいけません」などと言われ、感情を自由に出すことを禁止された場合、感情を表に出すことが苦手になります。

- [ ] 感情で判断するより考えてから決めることのほうが多い
- [ ] 怒りを出してはいけないと思っている
- [ ] 泣いてはいけないと思っている
- [ ] 喜びを表現してはいけないと思っている
- [ ] 弱みを見せることが苦手
- [ ] 感覚で感じることが苦手
- [ ] 寂しさを口に出してはいけなかった

合計

さて、あなたにはどんな禁止令がかかっていましたか？

「なぜか分からないけど、行動できない」
「なぜか分からないけど、ザワザワする」
そんなとき、心の奥底で禁止令が作動していることがあります。

禁止令は3歳までに潜在意識に入り込んでしまうことから、本人はその存在に気づかないまま、人生に影響を与えていきます。三つ子の魂百まで、と言われるゆえんはここにあります。

■心のアクセル
〜ドライバーの成り立ち〜

禁止令は、親の中の「子ども（カツオとタラ）」から、子どもの中の「子ども」へ発せられるメッセージです。

赤ちゃんがハイハイを始めると、
「落ちているものを食べちゃだめよ」
「そっち行っちゃだめよ」
など禁止事項が増えてきます。
これが子どもの潜在意識に入り込むと「禁止令」、つまりブレーキとなります。
その反対、アクセルの役割をするものもあります。

トイレトレーニングが始まると、「しつけ」の時期に入ります。
「急ぎなさい」
「努力しなさい」
と、子どもが社会生活の中で生きていけるようにという親からの「しつけ」。これの度がすぎてしまうと、行動を駆り立てるアクセルの役割をする「ドライバー」が刷り込まれていきます。

「こうしていれば、親から怒られない」
「こうしていれば、親に褒めてもらえる」
と、強化する行動を自ら決断し、その後の生涯にまで影響を与えていきます。

■5種類のドライバー

「最後までやりなさい！」
「どんなことでもがんばりなさい」
「誰とでも仲良くね」
「急いで！」
「泣かないの！」

……子どもに言いがちな、あるあるすぎる言葉たち。
世の中の親たちが繰り返し言うのは共通してこの５つです。

これらの言葉によって、
「完全であれ」
「努力せよ」
「人を喜ばせよ」
「急げ」
「強くあれ」
という行動強化が身についてしまいます。

臨床心理学者ティビー・ケラーらが提唱した「ドライバー」は、親の「言葉」により潜在意識に入り込み、大人になっても背中を押し続ける存在です。
もちろん「しつけ」として大事なこともありますが、必要ないときでも、「それをしないと！！」と駆り立てられる感じがするのが特徴です。

ドライバーには、禁止令を乗り越えたい（「こうしていれば禁止令を乗り越えられる」）という願望が隠されています。

5種類のドライバーを、詳しく見ていきましょう。

完全であれ
「きちんとやりなさい」
「最後までやりなさい」
と心を駆り立てます。

親から「最後までやり抜きなさい」「投げ出さないで」と言われ続けた人が持ちやすいドライバーです。
このタイプのドライバーを持つ人は、途中で投げ出せないからとなかなか仕事に取りかかれなかったり、最後までできないのであればとすべてを投げ出してしまったりします。

その結果何をやっても不満足感が残ってしまい、心の中に不安を抱え込みます。

努力せよ
「何事も一生懸命に」
「もうちょっとがんばろう」
とがんばってしまいます。

親からこう言われ続けた場合、がんばらないとうまくいかない

と思い込み、自分を犠牲にしてまでがんばりすぎてしまいます。
休むことや自分が楽しむことに罪悪感を覚えます。

人を喜ばせよ
「みんなと仲良くしなくちゃ」
「お友達には優しくしよう」

親からそのように言われ続けた人は、このドライバーを持つことになります。
いつも他人が気になり、ときには自分を抑えてまでも周りを喜ばせようとしてしまいます。

急げ
「ぐずぐずしてはだめ」
「早くしなくちゃ」
といつも何かに急き立てられています。

親から繰り返し「早くしなさい」「急ぎなさい」と言われた人は、いつもせかせか落ち着きがなくなります。
急ぐ必要がないときでもペースダウンできず、急がないと気が済まないのです。
いまやっていることに集中できず、次にやることまで気がかりで、落ち着いてものごとに取り組むことができなくなります。

<u>強くあれ</u>
「泣いちゃだめ」
「自分のことは自分でする」

「泣くのを我慢しなさい」と言われ続けた人も、このタイプのドライバーを持っています。
弱い感情を表に出せず、本来の感情を抑圧して「私は大丈夫」と強がりを言うようになります。
人に任せたり、甘えたりすることが苦手になります。

■あなたの中のドライバーチェック

以下、とてもよく当てはまるものに◎、だいたい当てはまるものに○、少し当てはまるものに△、まったくあてはまらないものに×をつけていってください。その後、◎＝3点、○＝2点、△＝1点、×＝0点として、合計点を出してください。

完全であれ	何をやっても足りない気持ちがする	
	大げさに表現したり一言余計なことを話してしまう	
	ものごとを正確にきっちりやろうとする	
	最後までやり遂げないと気が済まない	
	0か100か、白か黒か、ハッキリさせたい	
	完全であれの合計	点
努力せよ	質問にはあいまいな返答をする	
	努力すれば何とかなると思っている	
	結果よりも過程が大事	
	あれもこれもと同時にものごとを進めたい	
	終わりに近づくと手を抜いて遅らせる	
	努力せよの合計	点
強くあれ	人の役に立つと、自分の存在が認められた気がする	
	他人からどう思われているか気になる	
	自分を犠牲にしても相手に尽くす	
	人から拒否されたり否定されたりすることは耐え難い	
	いつも他人優先。一人でいると落ち着かない	
	人を喜ばせよの合計	点

急げ	早足で歩く。どうでもいいときに急いでしまう	
	心ここにあらずで、常に次のことを考えている	
	他人が話し終わる前に、かぶせるように話してしまう	
	待つのが苦手で早め早めにこなしたい	
	見切り発車してしまう	
	急げの合計	点
強くあれ	他人に対して堅苦しい	
	自分の弱みは人に見せたくない	
	感情をなるべく表に出さないようにしている	
	我慢強い	
	「大丈夫」「大したことない」が口癖である	
	強くあれの合計	点

完全であれ	努力せよ	人を喜ばせよ	急げ	強くあれ
点	点	点	点	点

10点以上のものは、ドライバーとして強くかかっている可能性があります。

どの点数が高かったでしょうか？

■禁止令とドライバーの関係

禁止令とドライバーは、なければいいというわけではありません。
禁止されることがなにもなく完全に自由に振る舞ったり、「人を喜ばせよ」や「努力せよ」という内部命令がまったくなかったとしたら、社会生活を送るのは難しいでしょう。

問題なのは、禁止令やドライバーが強すぎることです。

禁止令とドライバーは対になっています。
たとえば、「感じてはならない」という禁止令には、「強くあれ」というドライバーがかかります。
つまり、禁止令が多ければ、ドライバーも多くなります。
逆に考えると、禁止令が外れると、ドライバーも外れます。

どちらもバランスよく持っていたいですね。

■禁止令を解くには

親から発せられた言葉は、やがて内部命令となり、行動を縛ります。
でも「ああ、行動できないのは禁止令があったからだ」と気がつき、大人になったいまは行動しても怖くないと気がつけば、その禁止令を解除することができます。

禁止令の裏側には、それにより守ってきたものがあります。
「行動してはならない」という禁止令によって、「行動の恐怖」から守られてきました。
「成功してはならない」から、「成功して嫉妬される」ということから守られてきました。

考えてみてください。
禁止令によってあなたは何から守られてきたのか？
そしてそれは真実なのか？
その恐怖からいまも守られる必要はあるのか？

それに対して「いや、もうその禁止令は必要ない」と心から納得したら、その禁止令をイメージの中で手放してみてください。
心がスッキリするはずです。

■ 禁止令を解くワーク
ここで、禁止令を解く「ゲシュタルト療法」の有効なワークを

ご紹介します。
学園のコミュニケーション講座でもこの「禁止令を解くワーク」をしますが、気づきが多いと言われる大好評のワークです。

まず、椅子を２つ用意してください。
１つの椅子に座り、もう１つの椅子はカラにしておきます。
そこで、自分の禁止令を心に思い浮かべ、声に出してみてください。
たとえば「私は『成功してはいけない』と思っている」というふうに。
そして、その心にある禁止令の言葉を、イメージの中で心から手の上に出して、カラの椅子に置きます。

次に、カラの椅子に移動します。
そして、「成功してはいけない」という禁止令の気持ちになったイメージをして、「あなたの何を守ってくれていたのか」「どうしてその禁止令がずっと心にいたのか」ということを、最初の椅子に座っているつもりの自分に語りかけてみてください。

たとえば「成功しなかったおかげで、誰からも嫉妬されずにすんでいたね。あなたを守っていたんだね。だけど、いまはそれがなくてもいいと思う」。
そうしたら元の椅子に戻り、その禁止令を椅子から持ち上げて窓の外に投げてしまいましょう。風船に入れて空に飛ばすイメージをする人もいます。

イメージの中だけですが、ワークが終わると、本当にすっきりします。ぜひ試してみてくださいね。

まず椅子を2つ用意して1つの椅子に座ります。

自分の禁止令を声に出し、カラの椅子に置きます。

カラの椅子に移動します。

禁止令の気持ちになったイメージで自分に語りかけます。

■ドライバーを外すには

知らないうちに行動にストップをかける、禁止令。
知らないうちに心を駆り立てている、ドライバー。

禁止令やドライバーはアプリのようなもの。
自分というOSに後からインストールされたもので、勝手にどんどんバージョンアップされていきます。

しかし、それらの存在に気づくことができれば、自己暗示から抜け出し、それらを消すことができます。

「いままではこう思っていた。だけど、これからの人生は自己責任だ。生きたいように生きよう」
と、再決断することで、アプリをアンインストールすることができるのです。

■アロワー

暗示を解き、再決断するために必要なもの……。
それは「自分を許可するアロワー（Allower）」です。

禁止令やドライバーの言葉でいっぱいになってしまっている方は、それをすべて塗り替えるぐらい、何度も繰り返しアロワーを自分に投げかけましょう。

何度も繰り返し刷り込まれていった心のくさび。
これを取り除くためには、自分がいままで波平やフネに言われてきた以上に、自分自身にアロワーを聞かせることが必要です。

感情というのは身体に宿っていることが多いので、口に出すことにより、その蓋がポンと外れていきます。

そうなるように、何度も何度も許可を与える。
「〜〜していいよ」と、完全に上書きできるまで言い続けるのがポイントです。

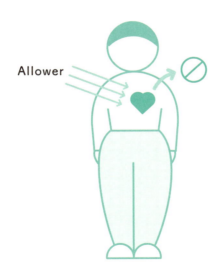

■暗示を解く魔法の言葉

アロワーには、次のようなものがあります。

「完全であれ」がある人には
ありのままでいいよ
完璧でなくてもいいよ
失敗していいよ

「努力せよ」がある人には
楽しんでいいよ
リラックスしていいよ

「人を喜ばせよ」がある人には
自分を優先してもいいよ
自分を大切にしていいよ

「急げ」がある人には
ゆっくりでいいよ
マイペースでいいよ

「強くあれ」がある人には
弱音を吐いたっていいよ
弱い自分でいいよ

■あなたの子育ては、
　あなたへの子育ての繰り返し

子育てで悩んでいるというお母さんが講座にきてくれることがあります。
学んでいくうちに「結局自分が問題を抱えていたんだ」と気がつきます。

なぜでしょうか？

禁止令やドライバーを学ぶとき、「自分が禁止令やドライバーを持っているから、同じことを子どもにも強いてしまっていたんだ」と気がつくからです。
それによって子どもが禁止令やドライバーを多く持ち、行動が規制されたり、がんばりすぎたり、自己否定感が強くなったり、学校に行けなくなったりしてしまうことが多いのです。

■子どもにかけている言葉で、あなたがわかる

ここで、交流分析を子育てに活用する方法を少しだけ紹介したいと思います。子育てのヒントになること、そして、自分自身を知るヒントとなることを願って。

禁止令やドライバーが多くあると、それが自分への内部命令となり、子どもに継承されてしまいます。
自分がどんな言葉を普段子どもにかけているかを振り返ってみ

ると、自分の中の禁止令やドライバーを発見できることがあります。

そして、気づくことができたのなら、それを止めることもできます。

親の中にたくさんのフネや波平の「禁止令」「ドライバー」があると、無意識にそれを子どもや周りの人にも押し付けています。

時間に厳しい親は、子どもが時間にルーズでいることを嫌います。
「成功してはいけない」というメッセージが入っている親は、子どもが成功しそうになるとすると「そんなにうまくいくはずがない」と制止しようとします。親が周囲に気を使いすぎている姿を見て、子どもも見本としてそのように行動しようとします。

禁止令やドライバーは連鎖するものなのですね。

コラム

子どもの中に、いつ、何が形成される？

発達心理学者エリク・エリクソンの「心理社会的発達理論」によると、「人間が健全で幸福な発達をするために、それぞれの発達段階で習得しておくべき課題がある」とされ、それは8段階に分かれています。その中の子どもの発達はおおよそ次のようになっているそうです。

■ 0–2歳は「基本的信頼」を得る時期
この時期は親との関係で「世界を信じることができるのか」ということを学びます。この時期から禁止令が入ってきます。

■ 2–4歳は「自律性」を得る時期
この時期はトイレトレーニングや着替えなど、自分の意思で生活をコントロールすることを学ぶ時期です。
母親と自分は別の人間なんだと気がつき、「私は私でよいのだろうか」という課題にぶつかります。ドライバーが生まれるのもこの頃からです。

■ 4–5歳は「積極性」を得る時期
この時期は幼稚園入園などで集団の中に入り、自分で考えて自分で行動することを学びます。「行為を行なってよいのか」ということが課題となり、集団や家族の中で徐々に社会性を身につけていく時期です。

■ 5–12歳は「勤勉性」を学ぶ時期

小学校に入学し、「人とともに存在する世界で自己成就するには」ということが課題となります。この課題を通して、マスオ（大人）が育まれていきます。

書き出しワーク
「私の禁止令とドライバー」

私の禁止令は、

- [ ] 存在するな
- [ ] 子供であるな
- [ ] 成功するな
- [ ] 重要であるな
- [ ] 愛するな（信じるな）
- [ ] 考えるな
- [ ] 女（男）であるな
- [ ] 成長するな
- [ ] 行動するな
- [ ] 所属するな
- [ ] 健康であるな
- [ ] 感じるな

でした。

私のドライバーは

- [ ] 完全であれ
- [ ] 人を喜ばせよ
- [ ] 強くあれ
- [ ] 努力せよ
- [ ] 急げ

でした。

私の「アロワー（自分の暗示を解く言葉）」は

　　　　　　　　　　　　　　　　　　　　　　　　です。

第 六 章

人生は舞台である。男も女も役者なのだ

〜6つの人生の脚本

■私たちの人生には、脚本がある!?

「人生は舞台である。男も女も役者なのだ」
　　　　　　――シェイクスピア

そう、人生は一つの舞台です。

どんなセリフ？
どんなしぐさ？
親が書いたシナリオ？
自分で書いたシナリオ？

この章では、人生をひとつの舞台とみなし、そこで演じられる筋書きを分析します。

長年、大学病院の心療内科でカウンセリングをされていた杉田峰康先生がこんなお話をしてくれました。

「ご両親のどちらかが早くに亡くなられた方の多くは、『自分は長く生きられない』と無意識に思っています。そして、60歳くらいになると、暴飲暴食をしたり無茶な行動をしてみたりと、無意識に人生を早く終わらせようとしてしまいます」

実は、うちの母も、祖母が亡くなった63歳までしか生きられないと無意識に思っていたようです。そして、63歳のとき、

仕事のむりなスケジュールがたたり、原因不明の高熱から集中治療室で生死をさまよいました（その後5日で熱は下がり、今は元気にしています）。

このように、私たちは、自分が無意識のうちに描き、思い込んでいる人生の筋書通りに生きようとしてしまうのです。

それらの筋書は「人生脚本」と呼ばれています。
人生脚本とは、いまも進行中の脚本で、大事な場面でどう行動するのかに影響を与えるものです。

人生の脚本は、「いつもこうなってしまう」というわけではなく、無意識のうちに「いつもこうしている」のです。
人生の重要な場面で繰り返し行われる脚本のパターンを、「プロセス脚本」とエリック・バーンは提唱しました。
あなたは、どんな脚本パターンを持っているのでしょうか？

あなたは人生の主役で、その脚本に沿って生きています。
さて、一体どんなあらすじなのか、見てみましょう。

■よくある6つのパターン

「〜までは」の脚本
「辛いことをやりとげるまでは、おあずけ」 という脚本です。
「子育てが終わるまでは、自由にしてはいけない」「試験が終わるまでは、恋人に会わない」などと言い訳して、実行に移そうとしないパターンです。

この脚本がある人は、「いつか」を待っているつもりでいるだけです。自ら動かない限り、「いつか」はやってきません。

こんな言葉があります。
「若い頃は時間があるがお金がない。社会人になるとお金はあるが時間がない。老人は時間はあるが体力がない」

「〜のあとは」の脚本
「楽しいことのあとは、辛いことがやってくる」 という脚本です。

「旅行に行くとお土産が大変」「幸せが怖い」など、未来の不安に支配され、いまを楽しめない脚本です。

「決して」の脚本
「いちばんほしいものは決して手に入らない」 という脚本です。

「いつも第一希望は通らない」「いちばんほしいものは自分にふさわしくないから、こっちにする」などと、1番目を取らず、2番目を取ってしまう脚本です。

「いつもいつも」の脚本
「いつも同じ結末」 という脚本です。

「職場ではいつも人間関係が悪い」「私ばかり嫌な役回り」と堂々巡り。おしんのような悲劇のヒロインの脚本です。

「もう一歩のところで」の脚本
「あと少しなのに」「達成したけど不十分」 という脚本です。

「もう一歩のところで力尽きてしまう」「最終面接まで行ったのに」「一応〇〇の資格は取ったけど、次はこれを勉強しなくては」と、最後まで到達することを諦めてしまう脚本です。

「結果のない」の脚本
「これが終わったら、あとは何もない」 という脚本です。

「子育てが終わって虚しい」「退職後にやることがない」など自由になると空虚さを感じてしまう脚本です。

**書き出しワーク
「あなたの人生の脚本は？」**

いままでどんな脚本を生きてきたか振り返ってみましょう

1 あなたの人生で悲しかったこと
ベスト5を書いてみてください。

Best1
Best2
Best3
Best4
Best5

2 あなたの人生で光り輝くような瞬間や、嬉しかったこと
ベスト5を書いてみてください。

Best1
Best2
Best3
Best4
Best5

3 さて、書き出したものを眺めてみてください。もしあなたの人生が一冊の本だとしたら……。どんな題名の本になるでしょうか？
もし、思いつくのが難しかったら、昔好きだった物語に題名を重ねてみてください。

たとえば、このようなものです。
「シンデレラストーリー」
「縁の下の力持ち」
「七転び八起き」
「一攫千金」
「サクセスストーリー」
「巨人の星」
「あしたのジョー」
「私のがんばり物語」
「悲劇のヒロイン人生」

4 さてその題名の物語を、これからの人生でも続けていきたいですか？
それとも、違う題名の本を書いていきたいですか？

第六章　人生は舞台である。男も女も役者なのだ

■脚本からの解放

「あの人がこうしたからこうなった」
「あの人がこう言ったからこうしたのに」
ついつい私たちは「他律」で生きてしまっています。

しかし、そもそも自分の人生は「他律」ではなく、自分で決めて行動していくもの。

「私はこうしよう」
「私はこうしていきたい」

そう、自分を許す。
そう、自分で決める。
そんな自律的な生き方をしていけたら、幸せですよね。

そのためには、過去に書かれた脚本から解放され、いつものパターンを打ち破り、新しい脚本へと書き換えることが必要です。今度は自分がシナリオライター。自分が主役の舞台。

人生のカーテンコールのときには、「満足いく人生を演じきったなあ」と笑顔で振り返りたいものです。

一度舞台から降りて、自分の人生を客席から見てみましょう。
そしてこれからの脚本を、書いてみましょう。

書き出しワーク
「これからの人生の脚本」

これからの人生のシナリオを、「私の10年後のある日、いままでを振り返って」として書いてみましょう。

■「自分取り扱い説明書」

最後に「自分取り扱い説明書」を完成させるワークです。
いままでのワークを元に、自分の人生をなぞり、自分の説明書を作ってみましょう！

書き出しワーク
「自分取り扱い説明書」

私の強みは

[   ] です。（P.47）

こんな特徴があります。

私の弱みは

[   ] です。（P.47）

こんなことを改めていきたいと思います。

私を助けてくれる色は

[   ] です。（P.74）

私の人生の立場は

　　　　　　　　　　　　です。（P.93）

特徴としては、　　　　　　　　　　　　　　です。（P.93）

私の人へのストロークには

　　　　　　　　　　　　　　という特徴があります。（P.112）

私には

　　　　　　　　　　という禁止令と　　　　　　　　　　

というドライバーがかかっています。（P.152）

私の暗示を解く言葉は　　　　　　　　　　　　　　

　　　　　　　　　　　　　　　　　　です。（P.152）

私は今まで

　　　　　　　　　　　　　　と言う台目の脚本にそって

で生きてきたので、（P.159）

これからは　　　　　　　　　　　　　　　　

　　　　　　　　　　していきます。（P.161）

第六章　人生は舞台である。男も女も役者なのだ

■ 終わりに

♪お魚くわえたドラ猫 追っかけて〜

平均視聴率10%を誇り続けている、あの国民的長寿番組「サザエさん」がスタートしたのは、いまから49年前の1969年のことでした。

空が紅く染まる夕暮れどき、お味噌汁の香りがあちらこちらからプ〜ンと漂っていました。窓からこぼれる灯の向こうでは家族の楽しい会話が飛び交い、まさに「サザエさん」のワンシーンのような光景があちこちで繰り広げられていました。

台所越しに「奥さ〜ん、お醤油貸して」「これ貰い物なんだけど食べて〜」といった会話も飛び交う、昭和の原風景。「向こう三軒両隣り」なんて言葉もありました。

あれから49年。
いまふと社会を見回すと、心が締め付けられます。

分断された食卓。
会話のないリビング。
隣人と交わす言葉もなく、職場ではパワハラ、セクハラが横行し、学校では陰湿なイジメにより自ら命を絶つ子どもたちがあとを絶ちません。

私たちはどこで何を失ってしまったのでしょうか。

あの会話、あの交流、あの原風景を、どこに置き忘れてしまったのでしょうか。

サザエさんの作者・長谷川町子さんは心理学者ではありません。しかし、一家のキャラクターに見事なまでの性格を宿し、真理を突いた交流を、「サザエさん」という物語で綴ってくれました。

「バカモーン！の波平さん」
「日本の母のフネさん」
「おっちょこちょいのサザエさん」
「仲裁役のマスオさん」
「お調子者のカツオくん」
「しっかり者のワカメちゃん」
「いい子のタラちゃん」

家族全員が各々の性格を知り、受け入れ、それに適した交流をアニメの中で示してくれるサザエさん一家。

私はその物語に、人と人が交流するうえで最も大切な交流分析を垣間見たのです。

人と人は違うということ。
その中で、人と接するということ。
その相手と心を通わせるということ。
その相手と豊かな時間を過ごすということ。

そのためには、まず自分を知ることから始まるということ。

それをお伝えすることで、サザエさん一家のような笑い声があなたの家、あなたの町に響いてくれたらという思いでこの本を書きました。

人と接するとき、家族と会話するとき、あなたの心に違和感が訪れたら、どうかあの歌を思い出してください。

♪裸足で駆けてく陽気なサザエさ〜ん

この本をあなたの今日と明日、そして未来に出会う方との豊かな関係づくりに役立てていただけたら、このうえない幸せです。

あいのひろ

■ 参考文献

『TA TODAY』イアン・スチュアート／ヴァン・ジョインズ著
深沢道子監訳 実務教育出版
『最高の自分を生きるための心理学』浅野薫著 チーム医療
『「コミュ力」アップ実践講座』下平久美子著 オレンジページ
『入門TA』浅井千穂／坂田芳美編著 TA教育研究会
『ストローク・ライフのすすめ』
刀根健著 フォーメンズ出版
『ギスギスした人間関係をまーるくする心理学 〜エリック・バーンのTA〜』安部朋子著 株式会社西日本出版社
『自分に出会う心理テスト』芦原睦著 扶桑社文庫

交流分析を教えてくださった下平久美子先生、浅野薫先生、小林雅美先生。
原稿を読んでくださった、嶺佳世さん、山咲聖さん、元長美樹さん。
抜群のマスオ力で編集して下さったディスカヴァー・トゥエンティワンの編集者堀部直人さん。
サザエさん講座を受講してくださったみなさん、対人コミュニケーション心理講座を受講してくださったみなさん、ヒントをくださったみなさん。

最後に、大切な家族、両親、友人たち。
本当にどうもありがとうございました。

本書の印税の10％は、School Aid Japan, Save The Childrenに寄付させていただきます。

そのままの自分が好きになる
魔法のわたし発見術

発行日　2018年7月15日　第1刷

Author	あいのひろ
Book Designer	吉村亮　望月春花（Yoshi-des.）
Publication	株式会社ディスカヴァー・トゥエンティワン 〒102-0093　東京都千代田区平河町2-16-1 平河町森タワー11F TEL　03-3237-8321（代表）　FAX　03-3237-8323 http://www.d21.co.jp
Publisher	干場弓子
Editor	堀部直人

Marketing Group
Staff　　小田孝文　井筒浩　千葉潤子　飯田智樹　佐藤昌幸　谷口奈緒美
　　　　古矢薫　蛯原昇　安永智洋　鍋田匠伴　榊原僚　佐竹祐哉　廣内悠理
　　　　梅本翔太　田中姫葉　橋本莉奈　川島理　庄司知世　谷中卓
　　　　小木曽礼丈　越野志絵良　佐々木玲奈　高橋雛乃

Productive Group
Staff　　藤田浩芳　千葉正幸　原典宏　林秀樹　三谷祐一　大山聡子　大竹朝子
　　　　林拓馬　塔下太朗　松石悠　木下智尋　渡辺基志

E-Business Group
Staff　　松原史与志　中澤泰宏　西川なつか　伊東佑真　牧野類　倉田華

Global & Public Relations Group
Staff　　郭迪　田中亜紀　杉田彰子　奥田千晶　李璋玲　連苑如

Operations & Accounting Group
Staff　　山中麻吏　小関勝則　小田木もも　池田望　福永友紀

Assistant Staff　　俵敬子　町田加奈子　丸山香織　小林里美　井澤徳子　藤井多穂子
　　　　　　　　藤井かおり　葛目美枝子　伊藤香　常徳すみ　鈴木洋子　石橋佐知子
　　　　　　　　伊藤由美　畑野衣見　井上竜之介　斎藤悠人　平井聡一郎　曽我部立樹

Proofreader　　文字工房燦光
Printing　　　シナノ印刷株式会社

・定価はカバーに表示してあります。本書の無断転載・複写は、著作権法上での例外を除き禁じられています。インターネット、モバイル等の電子メディアにおける無断転載ならびに第三者によるスキャンやデジタル化もこれに準じます。
・乱丁・落丁本はお取り替えいたしますので、小社「不良品交換係」まで着払いにてお送りください。

ISBN978-4-7993-2313-7
©Ainohiro, 2018, Printed in Japan.